METODOLOGIA DO ENSINO

na Educação Superior

Os volumes desta coleção trazem uma análise ampla e esclarecedora sobre os vários processos envolvidos no desenvolvimento das atividades que caracterizam a educação superior. São explorados os principais temas que devem ser profundamente conhecidos por professores e demais profissionais da educação nesse nível de ensino, desde os vinculados aos campos administrativo e político até os relativos à didática, à avaliação, à aprendizagem, à pesquisa e às relações pedagógicas. O objetivo é possibilitar que o leitor reflita criticamente sobre a constituição e o funcionamento da educação superior no Brasil.

Volume 1
Gestão da Instituição de Ensino e Ação Docente

Volume 2
Processo Avaliativo no Ensino Superior

Volume 3
Educação Superior Brasileira: Política e Legislação

Volume 4
Aprendizagem do Aluno Adulto: Implicações para a Prática Docente no Ensino Superior

Volume 5
Mediações Tecnológicas na Educação Superior

Volume 6
Pesquisa como Princípio Educativo

Volume 7
Relação Professor-Aluno-Conhecimento

Volume 8
Organização e Estratégias Pedagógicas

Maria Amélia Sabbag Zainko
Maria Lúcia Accioly Teixeira Pinto

EDITORA
intersaberes

Gestão da Instituição de Ensino e Ação Docente

**EDITORA
intersaberes**

Rua Clara Vendramin, 58 . Mossunguê
CEP 81200-170 . Curitiba . PR . Brasil
Fone: (41) 2106-4170
www.intersaberes.com
editora@editoraintersaberes.com.br

Conselho editorial
Dr. Ivo José Both (presidente)
Dr.ª Elena Godoy
Dr. Nelson Luís Dias
Dr. Neri dos Santos
Dr. Ulf Gregor Baranow

Editora-chefe
Lindsay Azambuja

Supervisora editorial
Ariadne Nunes Wenger

Analista editorial
Ariel Martins

Análise de informação
Ariadne Nunes Wenger

Revisão de texto
Schirley Horácio de Gois Hartmann

Capa
Denis Kaio Tanaami

Projeto gráfico
Bruno Palma e Silva

Diagramação
Bruno de Oliveira

Iconografia
Danielle Scholtz

Dados Internacionais de Catalogação na Publicação (CIP)
(Câmara Brasileira do Livro, SP, Brasil)

Zainko, Maria Amélia Sabbag
    Gestão da instituição de ensino e ação docente/Maria
Amélia Sabbag Zainko, Maria Lúcia Accioly Teixeira Pinto. –
Curitiba: InterSaberes, 2013. – (Coleção Metodologia do
Ensino na Educação Superior, v. 1).

    Bibliografia.
    ISBN 978-85-8212-245-7

    1. Ensino superior – Avaliação – Brasil 2. Universidades
e faculdades – Avaliação – Brasil 3. Universidades e
faculdades – Brasil – Administração I. Pinto, Maria Lúcia
Accioly Teixeira. II. Título. III. Série.

12-08555   CDD-378.1010981

Índices para catálogo sistemático:
1. Ensino superior: Gestão: Educação   378.1010981

1ª edição, 2013.
Foi feito o depósito legal.

Informamos que é de inteira responsabilidade das autoras a emissão de conceitos.

Nenhuma parte desta publicação poderá ser reproduzida por qualquer meio ou forma
sem a prévia autorização da Editora InterSaberes.

A violação dos direitos autorais é crime estabelecido na Lei n.º 9.610/1998 e punido
pelo art. 184 do Código Penal.

Sumário

Apresentação, 7

Introdução, 11

Gestão democrática: conceitos, formação e modelos, 13

    1.1   Contexto atual e formação de gestores da educação, 18

    1.2   Modelos de gestão educacional, 20

Síntese, 28

Atividades de Autoavaliação, 29

Atividades de Aprendizagem, 31

Plano de desenvolvimento institucional (PDI), 33

2.1 Origens do PDI, 35

2.2 O conceito de PDI, suas finalidades e composição, 41

2.3 Análise dos componentes do PDI, 46

Síntese, 55

Atividades de Autoavaliação, 56

Atividades de Aprendizagem, 58

O projeto pedagógico institucional (PPI) e o projeto pedagógico de curso (PPC), 61

3.1 As origens da expressão *projeto pedagógico*, 64

3.2 O conceito de projeto pedagógico institucional (PPI), 68

3.3 O conceito de projeto pedagógico de curso (PPC), 75

Síntese, 83

Atividades de Autoavaliação, 85

Atividades de Aprendizagem, 86

Avaliação institucional como instrumento de gestão, 89

4.1 O Sistema Nacional de Avaliação da Educação Superior (Sinaes), 91

4.2 Avaliação institucional: autoavaliação e avaliação externa, 97

Síntese, 100

Atividades de Autoavaliação, 101

Atividades de Aprendizagem, 103

Considerações finais, 105

Referências, 109

Bibliografia comentada, 121

Gabarito, 125

Nota sobre as autoras, 129

Apresentação

A gestão das instituições de ensino vive um momento importante de descentralização do poder, característica da gestão democrática, que é o novo paradigma da administração educacional com implicações para a ação docente. O presente livro foi organizado com o intuito de contribuir para a análise e o debate nessa área, proporcionando aos que a ela se dedicam uma oportunidade de refletir e sistematizar seus conhecimentos acerca da questão.

Com base em fundamentos teórico-metodológicos clássicos e contemporâneos, são apresentados aqui elementos importantes para a análise crítica da ação docente, bem como para o encaminhamento de novas práticas de gestão educacional.

Para facilitar a compreensão do leitor, os conteúdos foram selecionados e divididos didaticamente em quatro capítulos. Neles são analisadas questões relativas a conceitos e modelos de gestão de instituições de ensino e a instrumentos de gestão tais como o plano de desenvolvimento institucional, o projeto pedagógico institucional e de curso e a avaliação institucional.

Cada capítulo é composto por itens de conteúdo referentes aos tópicos trabalhados, apresentados de forma progressiva e didática. Ao final dos capítulos, encontra-se uma pequena síntese das principais ideias abordadas e também orientações para estudo, destacando-se os aspectos a serem considerados no desenvolvimento das atividades propostas de leitura, de aprendizagem e de autoavaliação, cujo gabarito com respostas e comentários encontra-se nas páginas finais.

O primeiro capítulo contempla as questões relativas aos conceitos de gestão educacional e ao papel por ela desempenhado na organização e no desenvolvimento das atividades de ensino, sobretudo na educação superior. Aborda também a premência da formação de gestores comprometidos com a garantia da qualidade da educação e do ensino. Para situar a educação superior brasileira no contexto da América Latina, são apresentados alguns modelos de gestão educacional vigentes no continente sul-americano e que têm orientado as diretrizes da política de educação superior formuladas por organismos internacionais e que vêm condicionando as reformas educacionais dos países em desenvolvimento.

O segundo capítulo trata do planejamento institucional na educação superior, mais especificamente do plano de desenvolvimento institucional (PDI), situando-o no contexto da legislação educacional vigente. Procura, desse modo, identificar suas origens, conceituando-o e definindo suas finalidades, formas de elaboração e principais componentes, com base nas orientações oficiais. É apresentada ainda uma análise da sua composição com vistas a traçar um panorama geral da sua estrutura básica.

O terceiro capítulo aborda outras duas instâncias de planejamento educacional: o projeto pedagógico institucional (PPI) e o projeto pedagógico de curso (PPC), buscando o significado e a especificidade de cada um no âmbito da educação superior e sua importância no contexto da gestão educacional. A partir de consultas a documentos oficiais e a autores e entidades que se dedicam ao tema, apresentam-se as origens, os conceitos e as características que definem esses projetos, bem como suas finalidades, sua composição e uma análise de relações com o PDI.

O quarto capítulo dedica-se ao tema da avaliação institucional como instrumento de gestão educacional, com ênfase na proposta do Sistema Nacional de Avaliação da Educação Superior (Sinaes). São apresentados os objetivos desse sistema e as implicações das concepções nele contidas para a educação e para as instituições de ensino superior, destacando-se seus princípios: a avaliação institucional como o centro do sistema, a integração de diversos instrumentos com base em uma concepção global e o respeito à identidade e à diversidade institucionais.

O objetivo da obra é, assim, oferecer subsídios para o desenvolvimento de formas inovadoras de compreender e de exercer a gestão das instituições de ensino. O sucesso dependerá em grande parte do compromisso, do entusiasmo e do desempenho dos profissionais da educação na realização das atividades sugeridas e das que forem acrescentadas pela criatividade de cada um.

Introdução

O ensino superior brasileiro vem apresentando, nas duas últimas décadas, uma considerável expansão quantitativa, não só em termos de credenciamento de instituições e autorização de novos cursos, como também no que se refere às propostas metodológicas que envolvem as novas tecnologias de informação e comunicação. A par desse crescente universo, vêm se intensificando as diretrizes e as ações reguladoras por parte dos órgãos encarregados de propor e gerenciar a política educacional para esse nível de ensino.

Por seu lado, encontrando-se às voltas com tais exigências e demandas, as instituições de ensino superior necessitam buscar alternativas aos usuais modelos de gestão educacional que lhes possibilitem fazer frente aos desafios de uma nova realidade.

É nesse contexto que se situa o presente livro. Seu objetivo é proporcionar a compreensão da gestão da educação a partir de novos paradigmas e apresentar uma análise dos principais instrumentos de gestão vigentes.

abc

Capítulo 1

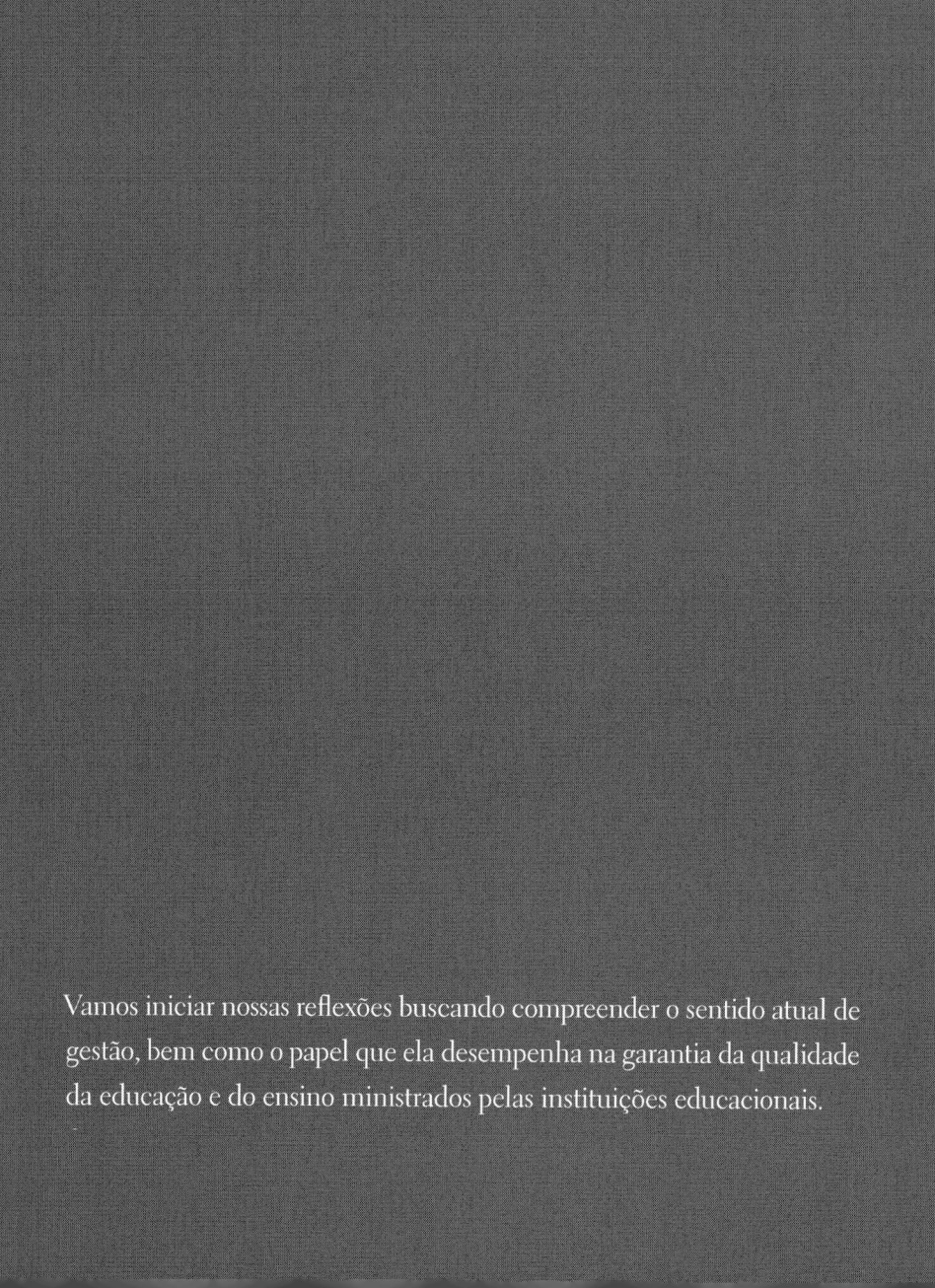

Vamos iniciar nossas reflexões buscando compreender o sentido atual de gestão, bem como o papel que ela desempenha na garantia da qualidade da educação e do ensino ministrados pelas instituições educacionais.

Gestão democrática:
conceitos, formação e modelos

Em 1996, a Lei de Diretrizes e Bases da Educação Nacional (LDBEN) propôs múltiplos sistemas educacionais (nacional, estaduais, municipais), com funções específicas e compartilhadas. Além disso, a LDBEN consagrou a gestão democrática dos estabelecimentos de ensino, que, de acordo com o art. 12, passaram a ter a incumbência de:

I – elaborar e executar sua proposta pedagógica;

II – administrar seu pessoal e seus recursos materiais e financeiros [...]

VI – *articular-se com as famílias e a comunidade, criando processos de integração da sociedade com a escola [...].*

Embora muito enfatizada no discurso, a gestão democrática tem se apresentado nos últimos dez anos como um desafio de construção coletiva de uma nova prática, calcada nas exigências atuais de respeito às novas tecnologias, de novas formas de comunicação e de atuação em redes.

Mas o que é mesmo gestão?

Conforme Cury (2005a, p. 201), o termo *gestão* vem de *gestio*, que, por sua vez, vem de *gerere*, que significa "trazer em si, produzir". Assim, administrar uma instituição de ensino superior (IES) não é apenas organizar algo que já existe, que está pronto e acabado; é também produzir novas relações em contextos sociais, políticos, culturais e pedagógicos.

Para Luck (2006, p. 35-36), gestão educacional corresponde ao processo de gerir a dinâmica do sistema de ensino como um todo e do sistema de coordenação das escolas em específico, estando afinado com as diretrizes e as políticas educacionais e os projetos pedagógicos das escolas, bem como compromissado com princípios da democracia e com métodos que organizem e criem condições para um ambiente educacional autônomo (soluções próprias no âmbito de suas competências), de participação e compartilhamento (tomada conjunta de decisões e efetivação de resultados), com autocontrole (acompanhamento e avaliação com retorno de informações) e com transparência (demonstração pública de seus processos e resultados).

Essa forma de gestão desenvolvida em parceria está frequentemente envolvendo atividades de interação, integração, participação e articulação.

Para estabelecer um entendimento comum sobre o significado dessas atividades, buscamos sua definição no *Novo dicionário da língua portuguesa* de Ferreira (1975): **interação**: "ação que se exerce mutuamente entre duas ou mais coisas, ou duas ou mais pessoas"; **integração**:

"operação de tornar inteiro, completar, inteirar, integralizar, juntar-se, tornando-se parte integrante"; **participação**: "ato ou efeito de participar, fazer saber, informar, anunciar, comunicar"; **articulação**: "ato ou efeito de articular, juntar, ligar, unir, estabelecer contatos entre duas ou mais pessoas para a realização de algo".

Todas as definições pressupõem a ideia de coletivo, de "fazer junto".

É por isso que, no atual cenário educativo, a gestão democrática como processo descentralizado, coletivo e contínuo de ações em busca da melhoria da qualidade da educação é o novo paradigma da administração educacional e configura-se como um desafio para a consolidação de um processo educacional verdadeiramente de qualidade.

Esse processo educacional se consubstancia em uma proposta pedagógica que é fundamentalmente educativa, de formação humana e que deve estar baseada em princípios e valores, tais como: o desenvolvimento da consciência crítica, o envolvimento das pessoas, a participação e a cooperação.

Todos sabemos que a efetiva realização de um projeto político-pedagógico ocorre e se sedimenta como visão nova do processo educacional apenas a partir de um trabalho compartilhado, em equipe, com participação de todos os membros da comunidade das IES, interna e externa.

Segundo Dornelles e Dellagnelo (2007), "a autogestão, no sentido mais amplo, significa o exercício coletivo do poder e surgiu como uma das formas de gestão social ou de visão da sociedade autogestionária presente em várias Teorias Socialistas". Representa uma proposta de ação coletiva que pressupõe igualdade, autonomia criativa e liberdade. Todos os participantes têm condições e direito de decidir porque as decisões são tomadas coletivamente. A autoridade reside na coletividade como um todo.

Esse "espírito de equipe", desejável sob todos os pontos de vista em um processo bem-sucedido de gestão, é que vai funcionar como elemento superador das naturais disputas entre os diversos segmentos envolvidos em qualquer proposta; quando há espírito de equipe, as contradições permanecem, mas são trabalhadas como energia positiva para promover mudanças e transformações.

1.1 Contexto atual e formação de gestores da educação

Neste item, vamos analisar, a partir da compreensão do sentido atual de gestão, as mudanças na formação do gestor comprometido com a garantia da qualidade da educação e do ensino ministrados pelas instituições educacionais.

A gestão democrática dos sistemas e das escolas está prevista desde 1988 na Constituição Federal como um dos princípios para o ensino público. Cury (2005b, p. 15) afirma que "o pleno desenvolvimento da pessoa, marca da educação como dever do Estado e direito do cidadão, conforme o art. 205 da mesma constituição, ficará incompleto e truncado se tal princípio não se efetivar em práticas concretas nos sistemas e chão da escola".

Mesmo antes da promulgação da LDBEN, vários estados e municípios tinham avançado na direção de maior autonomia da escola e de sua gestão democrática.

Conforme a análise de Cury (1997), a LDBEN trouxe algumas inovações ao se estruturar em torno de dois grandes eixos: a flexibilidade e a avaliação. Pelo primeiro, as instituições escolares teriam ampla margem de liberdade, consagrando aí o princípio da autonomia; pelo segundo, a avaliação se destaca como a grande conquista a ser obtida a partir de uma coordenação e um controle que se dariam no plano da União. Entretanto, o autor mostra que a flexibilidade se complementa pela normatização, que cabe ao nível central, estabelecendo os limites da autonomia, a qual, não obstante fundamental para cada IES, não se configura como soberania plena. Por outro lado, a avaliação envolve a função colaborativa que estrutura a federação republicana, ultrapassando a mera subordinação.

Essa concepção de sistema é também defendida por Salgado (2004), ao afirmar que a autonomia se constrói pela colaboração e que a flexibilidade encontra seus limites na articulação e na interação. E isso propicia maior organicidade na proposição e na materialização das políticas educativas. Esse esforço integrado e colaborativo deverá consolidar novas bases na relação entre os entes federados e tem sido apontado como uma das marcas do pensamento contemporâneo.

Nas escolas, além dos gestores, devem atuar de maneira afinada os docentes, os funcionários, os alunos e suas famílias e a comunidade em que se insere a escola. Da mesma forma, é necessário que funcionem "os conselhos e as secretarias estaduais e municipais de Educação, o conjunto das unidades escolares e mesmo organizações da sociedade civil" (Salgado, 2004).

Assim, os gestores atuais de cada escola, de cada rede, de cada nível, mais do que responsáveis por funções administrativas, são responsáveis por escolhas substantivas quanto ao currículo e à organização do trabalho escolar. Desse modo, gerir bem significa atualmente criar instrumentos e estratégias que levem cada um a dar o melhor de si para o processo de implementação autocontrolada (embora combinada com controle externo) que conduza ao sucesso de fins definidos coletivamente.

O novo paradigma da gestão democrática – com interação, integração, articulação e participação – mudou profundamente o sentido da gestão educacional, quer das escolas, quer das redes de ensino. É muito importante que os gestores tenham clareza sobre o que está acontecendo, percebam que o espaço de participação só será ganho se identificarem a pluralidade de fatores em jogo e forem capazes de dialogar verdadeiramente. Conforme Salgado (2004), "mais do que nunca, deve-se ter em mente a ideia de que o funcionamento de uma instituição como a escola resulta de acordos entre grupos diferenciados, que lutam por ideais e concepções próprios". Evidentemente, os desafios que se colocam, hoje, para a gestão da educação pública requerem novas estratégias de formação de gestores, em que os conhecimentos teóricos se relacionem com os saberes da prática, privilegiando a articulação espiral entre teoria e prática, que caracteriza o modelo da ação-reflexão-ação. Assim, a formação de gestores assume o compromisso de responder às questões emergentes da gestão escolar, ao mesmo tempo em que se propõe a refletir sobre questões significativas, visando a integrar a prática profissional e o conhecimento sistemático e permitindo o levantamento de novas questões, que servirão de objeto de análise e reflexão posteriores.

Além disso, é necessário considerar a própria condição de cidadãos dos gestores. Tendo a escola ou a rede escolar como seu campo de trabalho, o gestor é um cidadão e um profissional responsável pela educação de outros profissionais e de crianças e jovens cidadãos.

Nesse sentido, o processo de sua formação tem de buscar a articulação entre conhecimentos, afetos e ações, considerando tanto o lado profissional como o lado pessoal do gestor. Isso significa que, além de conhecer seus instrumentos específicos de trabalho, o gestor deve ter competências básicas que lhe permitam "ler o mundo" qualitativa e quantitativamente, bem como comunicar-se por escrito e oralmente, adequando seu discurso aos diferentes interlocutores e situações que se apresentam no cotidiano da escola e da rede escolar.

1.2 Modelos de gestão educacional[*]

Vamos procurar identificar, neste tópico, os modelos de gestão educacional vigentes na América Latina e que têm orientado a formulação de

---

[*] A seção 1.2 é baseada em Eyng; Gisi, 2007.

diretrizes da política de educação superior pelos organismos internacionais que condicionam as reformas educacionais dos países em desenvolvimento. Para tanto, vamos tomar como base para reflexão elementos contidos no texto elaborado por Antonio Cabral Neto e Alda Maria Duarte Araújo Castro e publicado em *Políticas e gestão da educação superior: desafios e perspectivas*, organizado por Ana Maria Eyng e Maria Lourdes Gisi e dado ao conhecimento do público em maio de 2007.

O modelo de gestão educacional configurado nas diretrizes educacionais para a América Latina nas últimas décadas do século XX e início do século XXI funda-se em princípios básicos da administração moderna adotada no âmbito empresarial e apresenta como principais características a flexibilidade, a agilidade, a eficiência, a eficácia e a produtividade.

Na perspectiva de modernizar o sistema educacional dos países da América Latina, é utilizado o argumento de que se devem superar os antigos paradigmas centralizadores de gestão, incorporando-se a noção de modernidade à gestão pública, para se garantir o sucesso escolar.

A ênfase nos resultados e nos indicadores de desempenho do sistema escolar constitui, segundo os defensores do modelo gerencial, fator importante de modernização da gestão educativa. Essa concepção tem se fortalecido a partir da última década do século XX e encontra-se assumida e reforçada nas diretrizes elaboradas pelos organismos internacionais para orientar as reformas no campo educacional na América Latina.

A Declaração de Quito (Equador) de 1991 (Unesco, 1991) enfatiza a necessidade de se realizar uma transformação profunda na gestão educativa tradicional para permitir uma efetiva articulação da educação com as demandas econômicas, sociais, políticas e culturais, rompendo com o isolamento das ações educativas. Critica o atual modelo de administração dos sistemas educativos por não assegurar a participação dos atores sociais, em especial da comunidade, no processo pedagógico, por não se responsabilizar pelo baixo desempenho do sistema, por não focalizar as ações nos setores prioritários da população e por não promover a inovação e a criatividade dos docentes.

A descentralização é apontada como uma estratégia capaz de possibilitar o envolvimento dos atores educacionais na consecução dos objetivos educacionais.

Em 1993, em Santiago do Chile, nova declaração (Unesco, 1993) defende a tese de que o sentido da qualidade e o desenvolvimento de uma gestão responsável devem estar baseados em resultados, realçando a importância de se profissionalizar a ação da escola.

Para se propiciar uma gestão inovadora dos estabelecimentos de ensino, esse documento ressalta a necessidade de se desenvolver uma nova cultura organizacional, caracterizada por objetivos de aprendizagens compartilhados, por meio de um processo de gestão de participação dos docentes e dos demais segmentos da comunidade escolar, pela elaboração de indicadores que fundamentem as decisões pedagógicas e a definição de recursos, pela estimulação de uma cultura que valorize o desempenho acadêmico e o desenvolvimento de expectativas positivas para o êxito dos alunos e também pela articulação dos objetivos compartilhados pelos atores escolares em um plano de desenvolvimento institucional, no qual deve estar explícito o projeto pedagógico da escola.

Outro aspecto relevante no âmbito escolar refere-se ao reconhecimento da função estratégica do diretor da escola. Nos novos delineamentos da gestão, o diretor é responsável pelo funcionamento do estabelecimento de ensino e pelos resultados de aprendizagem dos alunos. A partir da Declaração de Santiago de 1993 (Unesco, 1993), ocorre uma evolução no modelo de gestão, pois aos aspectos quantitativos foram acrescidos aspectos qualitativos, evidenciando-se uma preocupação com a formação de quadros para exercer com competência o novo modelo de gestão, objetivando imprimir eficiência e eficácia na realização dos serviços públicos.

Nesse enfoque de gestão, exigem-se dos gerentes novas habilidades e criatividade para encontrar soluções, sobretudo para aumentar a eficiência a partir da adoção de modelos de avaliação do desempenho. A conferência realizada em Kingston (Jamaica) (Unesco, 1996), em 1996, traz nova declaração, em que foi firmado o entendimento segundo o qual a educação deve ser tratada como política de Estado e não como política de governo, para que se possa assegurar a continuidade das políticas públicas. Para concretizar tal pretensão, torna-se necessário mobilizar a opinião pública no sentido de considerar a educação uma prioridade e criar mecanismos para garantir uma participação mais eficaz da sociedade civil, incluindo a classe política, os empresários, os sindicatos, as organizações familiares e outros atores sociais. Destaca-se também nessa declaração a proposição da melhoria da capacidade de gestão com vistas a permitir maior protagonismo à comunidade educativa local e um papel mais estratégico à administração central.

As formulações elencadas a seguir são elucidativas da compreensão assumida no âmbito da Declaração de Kingston (Unesco, 1996):

~ o Estado deve recuperar para si o papel de assegurar ganhos objetivos básicos para todos, o fomento da igualdade de oportunidade de acesso e de permanência ao sistema educativo e a capacidade de propor e gestar as propostas;

~ criar condições para que as escolas cheguem a um nível adequado de autonomia;

~ assegurar a preparação e a atualização permanente de diretores, precisar e respeitar suas competências como líderes da instituição;

~ desenvolver mecanismos que facilitem a gestão participativa das famílias e o fortalecimento da escola;

~ criar condições estruturais para o desenvolvimento de projetos educativos nos estabelecimentos de ensino;

~ otimizar e, quando for possível, incrementar o tempo de horário letivo efetivo para melhorar as oportunidades de aprendizagem.

O modelo gerencial, defendido nesse momento, procura trazer o cidadão para participar ativamente dos serviços educacionais e para interferir na qualidade e na avaliação dos serviços públicos.

No início do século XXI, novas recomendações são formuladas pela Declaração de Cochabamba (Bolívia) em relação à gestão (Unesco, 2001). Destacamos as seguintes:

~ colocar o processo de gestão a serviço das aprendizagens dos alunos e contar com a participação da comunidade educacional;
~ realizar avaliações e investigações periódicas sobre os processos de descentralização e desconcentração educativas para determinar seus avanços e insuficiências. Os resultados obtidos deverão servir para que os países modifiquem e reforcem suas estratégias de gestão para fortalecer os processos pedagógicos e assegurar a disponibilidade suficiente de recursos humanos, técnicos, materiais e financeiros para todas as instituições educativas, principalmente as mais pobres;
~ formular estratégias para que os centros educativos desenvolvam suas atividades com autonomia pedagógica e de gestão necessária para favorecer o trabalho dos professores com os alunos. O processo pedagógico deve se apoiar no desenvolvimento de projetos educativos elaborados pelo coletivo de docentes com a participação das famílias e dos estudantes;
~ capacitar equipes diretivas tanto em nível de sistema quanto de escola. Em nível central, para que os técnicos possam apoiar e orientar efetivamente as escolas na busca da qualidade da educação, da promoção da equidade, do desenvolvimento do currículo, da avaliação da aprendizagem, da profissionalização docente e da motivação da sociedade civil para participar do processo educativo. Em nível escolar, os diretores devem se capacitar para que sejam capazes de liderar a elaboração e a execução coletiva dos projetos educativos e para que promovam a participação da comunidade;
~ estimular a participação da família, dos organismos de estado, de

outros setores de governo e de toda a sociedade na tarefa de promover a educação.

A participação da comunidade pode contribuir para a melhoria da qualidade da educação se contar com uma gestão mais aberta, participativa e responsável pelos resultados alcançados.

A Declaração de Cochabamba (Unesco, 2001) reforça a necessidade da gestão participativa e da autonomia da escola. A participação dos pais no processo educativo e a busca pela equidade social, dois pressupostos básicos defendidos pela declaração, estão em acordo com as orientações da terceira etapa da evolução da administração gerencial, que defende a substituição do conceito de cliente pelo conceito de cidadão, por ser este mais amplo e implicar direitos e deveres, e não só a liberdade de escolher os serviços.

O conceito de participação política é apreendido como um conceito mais amplo – o da esfera pública, que se utiliza da transparência como proteção contra novas formas particularistas de intervenção na arena estatal, como são o clientelismo e o corporativismo. O espaço público passa a ser lócus de transparência e de aprendizagem social. Esse conceito deve estar presente também na organização interna da administração pública, sobretudo no momento da elaboração das políticas públicas.

No que concerne à implantação do novo modelo de gestão na América Latina, o entendimento da Declaração de Havana (Cuba) (Unesco, 2002a) é o de que a gestão centralizada continua ainda sendo adotada como referência básica na administração dos sistemas educacionais e que, para avançar, é imprescindível que as políticas educativas se voltem para o fortalecimento da escola pública, considerando que ela pode favorecer uma maior igualdade e contribuir para a construção de sociedades mais inclusivas e equitativas. Esse fortalecimento da escola pública requer a criação de condições para melhorar sua qualidade e a adoção de medidas que evitem uma competição desigual com as escolas privadas.

As mudanças educativas na região da América Latina devem se fundamentar nos seguintes princípios: dos insumos e das estruturas às pessoas; da mera transmissão de conteúdos ao desenvolvimento integral dos indivíduos; da homogeneidade à diversidade; da educação escolar à sociedade educadora.

Para dar concretude a esse novo enfoque na área educacional, é proposto um conjunto de novos focos estratégicos, dos quais dois se referem diretamente à forma de organização e gestão da escola.

O primeiro foco diz respeito ao desenvolvimento de uma cultura nas escolas para que elas se convertam em comunidades de aprendizagem e de participação. Para que isso possa ocorrer, torna-se necessária a adoção de um novo marco organizativo e normativo que promova uma real autonomia na tomada de decisões pedagógicas e de gestão, que facilite a colaboração entre os membros da comunidade e a conexão com outras escolas e instâncias de aprendizagem.

Para que esse processo decisório ocorra no âmbito escolar, é imprescindível formar os diretores das instituições educativas de modo que eles desenvolvam as capacidades necessárias para dar sentido e coesão à ação pedagógica da equipe docente, facilitar os processos de gestão e mudança educativa e promover um clima institucional harmônico.

O desenvolvimento de comunidades de aprendizagem e de participação requer um trabalho colaborativo entre os docentes e uma abertura para a participação de toda a comunidade escolar no processo educativo. Lograr a plena participação de todos requer que se estabeleçam canais de governo democrático nas escolas, de forma que os envolvidos nas tomadas de decisão possam participar e definir níveis de responsabilidade de cada um.

O segundo foco diz respeito à gestão e à flexibilização dos sistemas educativos para oferecer oportunidades de aprendizagem efetiva ao longo da vida. Para garantir esse direito, exige-se uma transformação profunda na organização normativa dos atuais sistemas educativos que se caracterizam por uma estrutura rígida e por oferecer opções e propostas homogêneas para necessidades educacionais heterogêneas.

O desafio está em orientar a gestão a serviço da aprendizagem e da participação e não da estrutura do sistema, como tem ocorrido até agora. É preciso então adotar um modelo de gestão sistêmico, centrado nos contextos reais e nas pessoas que neles atuam e definido por uma rede de comunicações com direções múltiplas e diversas.

Implementar uma gestão a serviço das aprendizagens e da participação, segundo os argumentos da Declaração de Havana (Unesco, 2002a), supõe prestar atenção aos seguintes aspectos:

~ reestruturação progressiva dos processos formais de educação que considere vários espaços, tempos e canais de formação;
~ utilização de novas tecnologias da comunicação e de informação para permitir a personalização das trajetórias formativas individuais;
~ promoção de mudanças na estrutura da formação atual para se conseguir uma articulação efetiva entre educação e trabalho;
~ destinação de recursos e apoio às escolas públicas de acordo com as características e as necessidades de cada uma e criação de condições de estabilidade para as equipes docentes;
~ desenvolvimento de sistemas integrais de informação que contemplem indicadores e estatísticas educativas, inovações e resultados dos processos de investigação e avaliação para fundamentar o processo de tomada de decisões;
~ construção de indicadores que sirvam para tomar decisões de políticas educativas, baseadas em necessidades reais e com objetivos de largo prazo;
~ fortalecimento da investigação educativa com a participação ativa dos docentes e a disseminação do conhecimento;
~ introdução de mudanças no enfoque dos sistemas de avaliação de forma que se considerem a avaliação de aprendizagem no sentido

amplo e a influência dos contextos socioeconômico, cultural e educativo na qualidade da aprendizagem.

A Declaração de Havana (Unesco, 2002a) contempla avanços teóricos sobre o modelo de gestão e organização da escola. O modelo concebido nesse momento centra-se na necessidade de promover a autonomia da escola e satisfazer ao cidadão que utiliza seus serviços.

Há um deslocamento da preocupação com a gestão voltada para a eficiência dos insumos, delineada mais fortemente nas conferências anteriores, para um modelo de gestão centrado nas pessoas, o que implica intensificação e ressignificação do papel da participação, não para que as pessoas participem do processo de gestão em todas as suas etapas, mas para que haja uma maior pacificação nas relações de trabalho.

Outro avanço no paradigma de gestão educacional, verificado na Declaração de Havana, refere-se ao entendimento segundo o qual, além da escola, a sociedade também exerce o papel de educadora, numa clara menção de que a responsabilidade pela educação dos cidadãos não é só do Estado, mas também da sociedade civil.

Síntese

O capítulo apresentou as questões da gestão democrática como um desafio de construção coletiva de uma nova prática, na qual administrar uma IES não é apenas organizar algo que já existe, que está pronto e acabado, mas é também produzir novas relações em contextos sociais, políticos, culturais e pedagógicos. Esse novo entendimento de gestão que se desenvolve em parceria envolve atividades de interação, integração, participação e articulação, o que pressupõe a ideia de coletivo, de "fazer junto". É por isso que, no atual cenário educativo, a gestão democrática é o novo paradigma da administração educacional.

Esse novo modelo mudou profundamente o sentido da gestão

educacional e requer novas estratégias de formação de gestores, em que os conhecimentos teóricos se relacionem com os saberes da prática, privilegiando a articulação espiral entre teoria e prática, que caracteriza o modelo da ação-reflexão-ação. O processo de formação tem de buscar a articulação entre conhecimentos, afetos e ações, considerando tanto o lado profissional como o lado pessoal do gestor.

Todos sabemos que o sucesso e a produtividade do sistema educacional dependem prioritariamente da forma como as escolas são organizadas e geridas. Esse foi o pressuposto orientador das mudanças que caracterizaram a política dos organismos internacionais para a América Latina, principalmente a partir do ano de 1990.

Atividades de Autoavaliação

1. Reflita e indique se as afirmações a seguir são verdadeiras (V) ou falsas (F):
   ( ) Identificar os estilos de gestão adotados na escola é um dos passos para a compreensão do espaço escolar e o caminho para o processo de melhoria, transformação e busca da qualidade das instituições de ensino.
   ( ) A gestão escolar se caracteriza por processos intencionais e sistemáticos de se chegar a uma decisão e de se fazer a decisão funcionar.
   ( ) A gestão da escola não sofre as interferências dos contextos e da realidade em que se efetiva.
   ( ) A gestão da escola desenvolve-se de forma centralizada.

2. Assinale as afirmações a seguir como verdadeiras (V) ou falsas (F):
   ( ) É necessário promover mudanças no modelo centralizador da gestão escolar com vistas a buscar a melhoria da qualidade do ensino.

( ) O sucesso e a produtividade do sistema educacional independem da forma como as escolas são organizadas e geridas.
( ) O planejamento estratégico é um instrumento capaz de propiciar a participação de todos os atores escolares, que devem tornar-se protagonistas das atividades da escola e otimizar os recursos escolares.
( ) O planejamento estratégico é um instrumento de otimização dos recursos escolares.

3. Assinale a opção correta:
   a) No escopo das reformas educacionais da América Latina, a gestão se destaca como um dos seus principais eixos.
   b) Não cabe ao Estado criar condições para que as escolas cheguem a um nível adequado de autonomia.
   c) O processo pedagógico não deve apoiar-se no desenvolvimento de projetos educativos elaborados pelo coletivo de docentes.
   d) A participação das famílias e dos estudantes não deve constituir-se em preocupação de dirigentes na elaboração das propostas das escolas.

4. Os modelos de gestão utilizam como instrumentos de qualidade:
   a) o planejamento, a avaliação e a participação de docentes, estudantes e familiares.
   b) as diretrizes da política cultural.
   c) a expansão das atividades administrativas e financeiras.
   d) as práticas desenvolvidas pelas reformas educacionais.

5. Assinale as opções corretas:
   a) O termo *gestão* vem de *gestio*, que, por sua vez, vem de *gerere*, que significa "trazer em si, produzir".

b) Administrar uma IES não é apenas organizar algo que já existe, que está pronto e acabado; é também produzir novas relações em contextos sociais, políticos, culturais e pedagógicos.

c) A gestão democrática tem se apresentado nos dez anos pós--LDBEN como um desafio de construção coletiva de uma nova prática.

d) A gestão depende de orientações do Conselho Nacional de Educação.

Atividades de Aprendizagem

Questões para Reflexão

1. Leia atentamente o Capítulo 1, reflita e registre sua experiência como gestor educacional ou a experiência de alguém próximo a você.

2. Para você, o que é mesmo gestão? Qual a sua importância para o desenvolvimento do processo educacional? Reflita e registre suas conclusões.

3. Agora, leia o que dizem alguns autores sobre essa temática.

> *Gestão é uma expressão que ganhou corpo no contexto educacional acompanhando uma mudança de paradigma no encaminhamento das questões da área de administração. Em linhas gerais, é caracterizada pelo reconhecimento da importância da participação consciente e esclarecida das pessoas nas decisões sobre a orientação e planejamento de seu trabalho. O conceito de gestão está associado ao fortalecimento da democratização do processo pedagógico, à participação responsável de todos nas decisões necessárias e na sua efetivação mediante um compromisso coletivo com resultados educacionais cada vez mais efetivos e significativos.* (LUCK, 2006)

> Os processos intencionais e sistemáticos de se chegar a uma decisão e de fazer a decisão funcionar caracterizam a ação que denominamos gestão. Assim é necessário compreender que a gestão se caracteriza pelas atitudes, ações, técnicas e práticas que fazem uma decisão dar certo, decisão esta que deve ser tomada de maneira democrática e participativa. (LIBÂNEO, 2004, p. 101)

a) Como você interpreta esses textos?
b) Registre suas observações.

4. Leia atentamente o Capítulo 1 e registre em folha à parte os avanços no paradigma de gestão educacional por você identificados nas diferentes declarações.

Atividade Aplicada: Prática

Faça uma pesquisa com, no mínimo, três gestores e identifique se suas visões do processo de gestão respondem às exigências do paradigma atual de gestão democrática das IES. Registre suas ideias.

Capítulo 2

No capítulo anterior, foram abordados os conceitos de gestão e analisados o contexto da formação de gestores e os modelos de gestão da educação superior. O presente capítulo tem como tema o plano de desenvolvimento institucional (PDI), um dos instrumentos de gestão do ensino superior no âmbito do planejamento. Para desenvolver esse assunto, procuramos situar o planejamento institucional no contexto da legislação educacional vigente, identificando, assim, as origens do PDI. Buscamos também conceituá-lo, definindo suas finalidades, formas de elaboração e elementos que o compõem a partir das orientações oficiais, procurando fornecer um panorama geral da sua estrutura básica.

Plano de desenvolvimento institucional (PDI)

Com o fim de atingir esses objetivos, vamos nos valer da base legal que fundamenta a política educacional vigente voltada para a educação superior, representada basicamente pela Lei n° 9.394/1996 e pelos diversos instrumentos que a regulamentam.

2.1 Origens do PDI

A presença efetiva do planejamento institucional no conjunto das IES, enquanto componente de uma política educacional com respaldo legal, é recente na educação brasileira. Embora as IES desenvolvessem ações de planejamento, elas o faziam dentro de uma perspectiva interna, segundo suas próprias diretrizes e propósitos.

Na Lei nº 9.394/1996, que estabelece as diretrizes e as bases da educação nacional – a LDBEN, a menção ao planejamento institucional não está explicitada. Porém, podemos considerar que o planejamento da educação superior encontra-se subjacente à ideia de avaliação institucional, a qual se acha presente no texto legal. Afirmamos isso porque entendemos que o planejamento e a avaliação são integrantes de um mesmo processo.

Vamos, então, buscar no texto da lei e nos documentos oficiais as origens do PDI, começando por situar a avaliação da educação superior. Esta é introduzida na LDBEN como uma das incumbências da União. O art. 9º estabelece, entre outros, os seguintes deveres da União:

> [...]
>
> *VIII – assegurar processo nacional de avaliação das instituições de educação superior, com a cooperação dos sistemas que tiverem responsabilidade sobre este nível de ensino;*
>
> *IX – autorizar, reconhecer, credenciar, supervisionar e avaliar, respectivamente, os cursos das instituições de educação superior e os estabelecimentos do seu sistema de ensino. [...]*

Analisemos o teor dessas duas incumbências.

Na primeira, o poder federal deve assegurar a existência de processo de avaliação em âmbito nacional que possa abranger todas as IES. Para tanto, necessita entrar em acordo com os sistemas estaduais e municipais que também ofertam educação superior, de maneira a integrarem esforços para implantar um sistema nacional de avaliação.

Na segunda incumbência, as funções de avaliação, regulação e supervisão estão definidas como dever da União em relação ao seu sistema de ensino. O significado de cada uma dessas funções foi explicitado, recentemente, no Decreto nº 5.773/2006, que "dispõe sobre o exercício das funções de regulação, supervisão e avaliação de instituições de educação superior e cursos superiores de graduação e sequenciais no sistema federal de ensino".

Esse decreto constitui uma antecipação, por parte do governo federal, de determinadas medidas previstas na chamada *reforma da educação superior* proposta em projeto de lei. Diversas versões desse projeto já foram enviadas pelo poder federal ao Congresso Nacional, em função de contribuições e debates promovidos pelo Ministério da Educação (MEC). Segundo Sguissardi (2006), o tema da regulação da educação superior está destacado no projeto com muitos artigos "detalhando a função regulatória da União e os mecanismos a serem utilizados para tanto, entre os quais os que articulam as ações de avaliação [...] e as medidas de pré-credenciamento, credenciamento e recredenciamento das IES, e de autorização de cursos".

Conforme o art. 1º do decreto mencionado anteriormente, a educação superior pertencente ao sistema federal de ensino está submetida ao controle do Estado mediante as funções de regulação, supervisão e avaliação, de modo que:

> [...]
> § 1º *A regulação será realizada por meio de atos administrativos autorizativos do funcionamento de instituições de educação superior e de cursos de graduação e sequenciais.*
> § 2º *A supervisão será realizada a fim de zelar pela conformidade da oferta de educação superior no sistema federal de ensino com a legislação aplicável.*
> § 3º *A avaliação realizada pelo Sistema Nacional de Avaliação da Educação Superior – SINAES constituirá referencial básico para os*

processos de regulação e supervisão da educação superior, a fim de promover a melhoria de sua qualidade. [...]

Você deve ter observado que o decreto se refere ao sistema federal de ensino e que o exercício das funções citadas ocorre no âmbito das IES pertencentes a esse sistema. Conferindo no art. 16 da LDBEN a composição do sistema federal de ensino, verificamos que ele compreende:

[...]
I – *as instituições de ensino mantidas pela União;*
II – *as instituições de educação superior criadas e mantidas pela iniciativa privada;*
III – *os órgãos federais de educação.* [...]

Como você pode observar, as IES privadas estão compreendidas no âmbito do sistema federal de ensino. Recorrendo aos dados oficiais, constatamos que o total de IES federais e IES privadas abrangido por esse sistema representa 93,7% das IES existentes no país, segundo o Censo do Ensino Superior divulgado em 2006 pelo Instituto Nacional de Estudos e Pesquisas Educacionais Anísio Teixeira (Inep), órgão do MEC. Confira na tabela seguinte a distribuição das IES por categorias.

Tabela 2.1 – Brasil – Número de instituições de educação superior por categoria – 2006

Categoria	Nº	%
Privadas	2.141	89,3
Federais	105	4,4
Estaduais	92	3,8
Municipais	60	2,5
TOTAL	2.398	100,0

Fonte: BRASIL, 2006.

Os dados demonstram a abrangência das medidas estabelecidas pela LDBEN, pois para as 2.246 IES do sistema federal vigoram os dispositivos citados anteriormente.

Por meio das funções de regulação, supervisão e avaliação, a abertura e o funcionamento das IES do sistema federal ocorrem por meio de atos administrativos do MEC, com prazos limitados e sujeitos a renovações periódicas. Antes da vigência da LDBEN, as instituições eram credenciadas e os seus cursos reconhecidos sem limites de validade para tais atos, persistindo muitas vezes situações de abusos, desrespeito à legislação e baixa qualidade de ensino.

Pois bem, para atender à política educacional estabelecida no texto legal, as IES devem se instrumentalizar por meio de planejamento adequado, enfrentando o desafio de serem constantemente colocadas à prova.

Você pode estar se perguntando: e o PDI? Qual a relação dele com tudo o que foi explanado?

A resposta a essa indagação pode ser encontrada justamente no contexto posterior à promulgação da lei. Foi quando o PDI começou a emergir das entrelinhas dos textos legais. No decorrer de uma década de vigência da LDBEN, a política educacional para o ensino superior foi sendo estruturada mediante um conjunto de normas legais e documentos orientadores.

Assim é que, em 2001, o Decreto nº 3.860/2001, revogado em 2006 pelo Decreto nº 5.773/2006, prescrevia, entre as ações necessárias para se proceder à avaliação, a necessidade de apresentação do PDI.

Também em 2001, o Conselho Nacional de Educação (CNE), órgão normativo vinculado ao MEC, através da Câmara de Ensino Superior, referia-se ao PDI. No Parecer nº 1.366/2001, posteriormente revogado pela Resolução nº 11/2006, ao tratar do processo de avaliação externa, o relator considerou que esta deveria ser precedida de uma "autoavaliação, que defina ou redefina o perfil ou missão institucional e o projeto de desenvolvimento próprios da instituição". Concluiu seu parecer reforçando "a importância e a relevância do plano de desenvolvimento institucional, que determina a missão de cada instituição e as estratégias que as mesmas livremente elegem para atingir metas e objetivos".

Em 2002, ainda no âmbito do CNE, a Resolução nº 10/2002, também revogada pela Resolução nº 11/2006, explicita que "o Plano de Desenvolvimento Institucional, que se constitui em compromisso da instituição com o MEC, é requisito aos atos de credenciamento e recredenciamento de instituições de ensino superior e poderá ser exigido também no âmbito das ações de supervisão realizadas pela SESu/MEC".

Em 2004, a Lei nº 10.861/2004, que instituiu o Sistema Nacional de Avaliação da Educação Superior (Sinaes), relacionou as diferentes dimensões institucionais que seriam levadas em consideração quando do processo de avaliação, colocando em primeiro lugar a missão e o PDI.

Após a instituição do Sinaes, foi divulgado pelo MEC um documento contendo diretrizes para a elaboração do PDI. O texto introdutório esclarecia que havia sido constatada a necessidade de incluir o planejamento estratégico das IES como um dos elementos integrantes do processo de avaliação institucional, "sintetizado no que se convencionou denominar de Plano de Desenvolvimento Institucional – PDI".

Em 2006, o Decreto nº 5.773/2006, no inciso II do seu art. 15, determinou que o pedido de credenciamento da IES deve ser instruído, entre outros documentos, com o PDI.

O PDI, portanto, firmou-se como um dos instrumentos da política para a educação superior, atendendo à função de regulação do sistema federal de ensino, bem como ao processo de avaliação das IES, mediante o Sinaes.

2.2 O conceito de PDI, suas finalidades e composição

Tendo identificado a base legal que sustenta o PDI, vamos agora buscar sua conceituação e identificar suas finalidades e composição. Iniciemos com a definição do termo *plano*, que pode assumir inúmeros sentidos conforme o contexto em que for empregado. Referido à atividade de planejar, *plano* tem o significado de produto do planejamento, apresentado sob a forma de registro, de documento. Portanto, é um documento que registra, seguindo um dado roteiro, as decisões tomadas no processo de planejamento e os procedimentos para colocá-las em prática, levando em consideração a realidade dada e aquela que se deseja atingir.

Com base nesse entendimento, vamos procurar saber no que consiste o PDI de acordo com os textos oficiais.

Ao divulgar, em 2004, texto com diretrizes para a elaboração do PDI, o MEC o definiu como: "documento que identifica a Instituição de Ensino Superior (IES), no que diz respeito à sua filosofia de trabalho, à missão a que se propõe, às diretrizes pedagógicas que orientam suas ações, à sua estrutura organizacional e às atividades acadêmicas que desenvolve e/ou que pretende desenvolver" (Brasil, 2004c, p. 1).

Outro texto do MEC, em que descreve a sistemática do Sinaes, refere-se às competências exercidas pela Secretaria do Ensino Superior (SESu), órgão vinculado ao MEC, mencionando que o procedimento central na função de supervisão é a análise do PDI, o qual "deve **considerar** a missão, os objetivos e as metas da instituição, bem como as propostas de desenvolvimento das suas atividades [...]" (Brasil, 2004b, p. 48, grifo nosso).

Em 2006, com intuito de auxiliar as IES na elaboração de seu planejamento, o MEC ratificou a definição do PDI anteriormente citada, trocando apenas o início:

> O *Plano de Desenvolvimento Institucional, elaborado para um período determinado, é o instrumento de gestão que **considera** a identidade da IES, no que diz respeito à sua filosofia de trabalho, à missão a que se propõe, às diretrizes pedagógicas que orientam suas ações, à sua estrutura organizacional e às atividades acadêmicas e científicas que desenvolve ou que pretende desenvolver.* (Brasil, 2006, p. 35, grifo nosso)

Observando os trechos citados, verificamos que nos remetem à conceituação do PDI:

~ O PDI é um documento que retrata a IES ("identifica"), levando em conta as suas dimensões ("considera"): fins, estruturas, atores, ações e propostas.

~ O PDI, entendido como documento de gestão, reflete a concepção de planejamento adotada pela IES e articula-se ao projeto pedagógico por ela desenvolvido, denominado *projeto pedagógico institucional (PPI)*. Como veremos mais adiante, no terceiro capítulo, o PPI é um instrumento substantivo que delineia os caminhos da instituição, norteando as práticas acadêmicas da IES. Portanto, o PDI é um instrumento de planejamento que visa concretizar as diretrizes do PPI.

Agora que delimitamos o que é o PDI, vamos procurar saber com que propósito ele deve ser elaborado e quem é o responsável pela sua elaboração.

Quais são as finalidades do PDI?

O CNE, por meio da já citada Resolução nº 10/2002, no art. 7º, atribui ao PDI o sentido de compromisso e de requisito a ser cumprido, como vemos a seguir:

O Plano de Desenvolvimento Institucional, que se constitui em compromisso da instituição com o MEC, é requisito aos atos de credenciamento e recredenciamento de instituições de ensino superior e poderá ser exigido também no âmbito das ações de supervisão realizadas pela SESu/MEC, devendo sofrer aditamento no caso de sua modificação[...].

Já verificamos, também, que o PDI integra o processo de avaliação institucional e que ele é elemento obrigatório nos procedimentos de regulação do sistema federal de educação superior. Porém, mais do que atender às exigências de dispositivos legais, a elaboração do PDI deve servir à própria instituição. Articulado ao PPI, o PDI é componente de um conjunto instigador da reflexão e da gestão, do pensar e do fazer a educação superior. Desse modo, está voltado para:

~ atender às exigências da política de educação superior e
~ ser um instrumento de gestão da IES em articulação com o projeto pedagógico.

E quem deve elaborá-lo?

A própria comunidade institucional. A resposta a essa indagação está fundamentada na certeza de que somente quem vive uma dada realidade tem condições de falar sobre ela. Sendo protagonista de um processo coletivo de planejamento, a comunidade institucional assume a responsabilidade pela sua implementação. Assim, o sujeito da ação de planejar a vida institucional de uma IES é o conjunto de professores, alunos e funcionários, que formam a comunidade interna, e representantes da comunidade externa que integram seus órgãos deliberativos.

Passemos agora à identificação das orientações oficiais que fundamentam a construção do PDI pela IES.

No documento do MEC de 2004, consta que a construção do PDI "deverá se fazer de forma livre, para que a Instituição exercite sua criatividade e liberdade, no processo de sua elaboração. Entretanto, os eixos temáticos constantes das Instruções [...] deverão estar presentes, pois serão tomados como referenciais das análises subsequentes [...]" (Brasil, 2004c, p. 2).

Como podemos observar, há nessa orientação uma posição diferenciada quanto a forma e conteúdo. Ao mesmo tempo em que se permite a elaboração de forma livre e criativa, o conteúdo é especificado como obrigatório. Logo, a IES poderia escolher a metodologia, mas todos os elementos relacionados como eixos temáticos deveriam fazer parte do PDI. A sua composição básica incluía os seguintes eixos:

~ perfil institucional;
~ gestão institucional (organização administrativa, organização e gestão de pessoal, política de atendimento ao discente);
~ organização acadêmica (organização didático-pedagógica, oferta de cursos e programas presenciais e a distância);
~ infraestrutura;
~ aspectos financeiros e orçamentários;
~ sustentabilidade econômica;
~ avaliação e acompanhamento do desempenho institucional;
~ cronograma de execução.

As orientações referiam-se ainda aos itens clareza, concisão e objetividade do texto, coerência entre todos os seus elementos e factibilidade, demonstrando a viabilidade de seu cumprimento. Deveriam ser indicados também o modo pelo qual o PDI foi construído e a interferência que exerceria sobre a dinâmica da instituição.

A respeito de quem elaboraria o PDI, as orientações contidas no documento do MEC de 2006 esclareciam que, "Como um instrumento de gestão flexível, o PDI pauta-se por objetivos e metas e sua elaboração deve ser de caráter coletivo" (Brasil, 2006, p. 35).

Logo após a divulgação das orientações mencionadas, a composição do PDI foi reestruturada pelo Decreto nº 5.773/2006, que trata do sistema federal de ensino. O art. 16 discrimina os elementos que devem, minimamente, compor o PDI. Em síntese, os itens da composição são os seguintes:

I – *missão, objetivos e metas da instituição [...];*
II – *projeto pedagógico da instituição;*
III – *cronograma de implantação e desenvolvimento da instituição e de cada um de seus cursos [...];*
IV – *organização didático-pedagógica da instituição [...];*
V – *perfil do corpo docente [...];*
VI – *organização administrativa da instituição [...];*
VII – *infraestrutura física e instalações acadêmicas [...];*
VIII – *oferta de educação a distância, sua abrangência e polos de apoio presencial;*
IX – *oferta de cursos e programas de mestrado e doutorado; e*
X – *demonstrativo de capacidade e sustentabilidade financeiras.*
[...]

Em relação aos eixos essenciais constantes das orientações anteriores do MEC, o decreto introduz o projeto pedagógico da instituição como elemento integrante do PDI. Até então, tal material era elaborado em separado, denominado *projeto pedagógico institucional* (PPI), derivando dele as diretrizes para as atividades acadêmicas da IES. As implicações de sua inclusão no PDI serão abordadas posteriormente.

Ainda em relação à composição do PDI, não foram contempladas na relação do art. 16 duas categorias fundamentais no contexto da instituição: os funcionários técnico-administrativos e os alunos, os quais figuravam entre os eixos essenciais citados. Essas ausências foram compensadas nas instruções constantes no *site* do Sistema de Acompanhamento de Processos das Instituições de Ensino Superior do MEC (SAPIEnS), as quais detalham a composição do PDI (Brasil, 2007a).

2.3 Análise dos componentes do PDI

Passamos agora a analisar os principais componentes do PDI, destacando a contribuição destes para a configuração desse documento enquanto instrumento norteador da gestão da IES. Embora o PDI esteja voltado principalmente ao atendimento das funções de regulação, supervisão e avaliação, como vimos antes, é importante ressaltar aqui o seu potencial como aglutinador do pensar e do fazer institucional. Mais do que uma ferramenta burocrática para fins de cumprimento de exigências externas, o PDI deve ser entendido como um roteiro para o efetivo desenvolvimento da IES.

Os principais elementos que compõem o PDI, de acordo com o disposto no Decreto nº 5.773/2006 e nas instruções que o MEC divulgou para orientar as IES, são os que descrevemos na sequência.

2.3.1 Missão, objetivos e metas

Toda instituição de educação deve estar alicerçada em uma base sólida de princípios que sustente sua proposta pedagógica, direcione suas ações e propicie o alcance de suas finalidades. Vamos primeiro procurar saber o que é uma instituição e como ela define as suas finalidades.

Segundo Garay (1998, p. 30), "a instituição é um conjunto de formas e estruturas sociais; também de configurações de ideias, valores e significações instituídas que, com diferentes graus de formalização, se expressam em leis, normas, pautas, códigos".

Para Dias Sobrinho (2003a, p. 33), "a característica da instituição é a natureza de sua finalidade, que é definida no plano global ou universal da sociedade. A instituição, enquanto prática social, tem como fim o desenvolvimento dos valores da sociedade".

De acordo com o Sinaes, "A identidade institucional não é um já-dado; é uma construção que tem a ver com a história, as condições de produção, os valores e objetivos da comunidade, as demandas concretas, as relações interpessoais" (Brasil, 2004b, p. 88).

Podemos entender, então, que toda instituição educacional está relacionada a uma dimensão conceitual que definirá seus fins e suas funções. Ao se instituir, dando corpo a um conjunto de princípios e valores explicitado na redação de sua missão, a IES expressa os seus fundamentos e as finalidades institucionais, as quais, por sua natureza de prática social, devem estar voltadas ao bem da sociedade.

A missão é uma referência para a ação de planejar. A partir dela, o PDI define os objetivos e as metas para o período estabelecido de cinco anos. Dessa maneira,

~ a missão institucional baliza os rumos de toda reflexão e ação no âmbito da instituição;
~ os objetivos apontam os alvos para concretização dos fins propostos;
~ a operacionalização ocorre pelo estabelecimento de prioridades e pela quantificação de metas a serem atingidas no tempo e no espaço.

A missão, os objetivos e as metas devem estar em consonância com a realidade em que se insere a IES. Torna-se necessário, pois, que se explicitem:

~ o contexto no qual ocorre a inserção da IES;
~ as áreas e as dimensões de sua atuação e intervenção;
~ os mecanismos de que dispõe para se integrar e interagir nos meios social, econômico e político.

No caso de uma IES já atuante, a apresentação de seu histórico e de seu desenvolvimento até a etapa de elaboração do PDI concorre para completar o quadro de referência institucional e resgata a memória de sua trajetória, dando ciência às comunidades interna e externa de suas realizações e contribuições para a sociedade.

2.3.2 Projeto pedagógico institucional (PPI)

O PPI é entendido como um processo político-pedagógico, filosófico e teórico-metodológico norteador das práticas acadêmicas da IES. Articulado ao PDI até a edição do Decreto nº 5.773/2006, passou à condição de seu integrante. Por ser tema do capítulo seguinte, deixamos de abordá-lo aqui em maiores detalhes.

2.3.3 Cronograma de implantação e desenvolvimento

O prazo de vigência do PDI é de cinco anos. O estabelecimento de metas a serem atingidas nesse período deve ser acompanhado de cronograma detalhado no qual constem, por exemplo, a previsão de abertura de novos cursos, o aumento de vagas, a expansão física, a extensão de cursos para outras sedes, a oferta de educação a distância e outros procedimentos que a IES deseja implantar.

Cabe ressaltar que muitas metas, dependendo de sua natureza ou do grau de autonomia da instituição (faculdade, centro universitário ou universidade), implicam solicitação de autorização para se efetivarem, não bastando a previsão no PDI.

2.3.4 Organização didático-pedagógica

Como observamos anteriormente, o significado de instituição diz respeito a valores, princípios e fins. Para concretizá-los, a IES vale-se de meios e estratégias operacionais que dão corpo ao plano das ideias – esse corpo é a organização, que podemos definir como: "modos concretos nos quais se materializam as instituições. Trata-se de formas mais contingentes, modos de dispor recursos, tempos, tecnologias, divisão de trabalho, estruturação de condução e hierarquia" (Garay, 1998, p. 130).

Logo, a organização está relacionada à dimensão operacional, às formas de gestão e de funcionamento, ao campo do concreto: organograma, descrição objetiva, quantificação de dados e informações.

O regimento (ou estatuto, no caso das universidades) é elaborado ao se constituir a instituição, fixando a organização administrativa, didático-pedagógica e disciplinar do estabelecimento e regulando as suas relações com os públicos interno e externo.

Em relação à organização didático-pedagógica, devem ser registradas no PDI, segundo o Decreto nº 5.773/2006 e as instruções do MEC, as informações referentes aos seguintes aspectos (Brasil, 2004c):

~ ofertas previstas de cursos;
~ perfil de egresso;
~ critérios de seleção dos alunos;
~ formas de tratamento metodológico dos conteúdos curriculares;
~ procedimentos de avaliação da aprendizagem;
~ atividades de prática profissional;
~ estágios;
~ trabalhos de curso;
~ atividades complementares.

A explanação da organização didático-pedagógica constitui também uma oportunidade para a IES apresentar suas propostas de inovação e de incremento tecnológico a serviço da melhoria das condições de ensino.

2.3.5 Comunidade acadêmica

A comunidade interna de uma IES é constituída pelos corpos docente, discente e técnico-administrativo. Esses dois últimos, embora não tenham sido citados no texto do Decreto nº 5.773/2006, devem receber o mesmo grau de atenção atribuído ao quadro de professores – os alunos, por protagonizarem juntamente com os docentes o processo pedagógico; os técnico-administrativos pelo apoio fundamental para o desenvolvimento de todas as funções da IES.

Vejamos a seguir que informações sobre cada um desses integrantes da IES devem constar na composição do PDI, segundo o Decreto nº 5.773/2006 e as instruções do MEC.

a. **Docentes** – O cumprimento das finalidades de uma IES depende de vários fatores, entre os quais se destaca a presença de um corpo docente qualificado e comprometido. A descrição do perfil docente dá a dimensão da consecução dos objetivos pretendidos no que concerne às funções de ensino, pesquisa e extensão. Os principais elementos definidores desse perfil, conforme as disposições do Decreto n° 5.773/2006, são: titulação requerida, experiência no magistério superior e experiência profissional não acadêmica, critérios de seleção e contratação, regime de trabalho, política de qualificação e existência de plano de carreira.

O plano de carreira docente abrange um conjunto de princípios, conceitos, normas e procedimentos que norteiam o exercício profissional dos docentes, os direitos e os deveres, as condições de progressão e de formação continuada. A sua implantação na IES valoriza o trabalho do professor e representa a garantia de permanência, dedicação e aperfeiçoamento contínuo de um quadro de profissionais competentes.

A expansão prevista do quadro de professores, em função de novos cursos a serem ofertados, deve constar de cronograma considerando o período de vigência do PDI.

b. **Discentes** – O aluno representa sempre o "novo" na educação, ele é quem traz para o interior da instituição educacional, além da própria realidade social, os anseios, as expectativas, os ideais, o futuro etc. Essa contribuição é primordial para a elaboração e a permanente avaliação da proposta pedagógica, a qual não se constrói no vazio, e sim fundamentada, entre outros pilares, no aluno real e no cidadão e profissional que se deseja formar.

No PDI, o apoio institucional aos discentes é demonstrado por meio de (Brasil, 2006):

- estímulos à permanência (programa de nivelamento, atendimento psicopedagógico, programa de apoio financeiro);
- estímulos ao desenvolvimento acadêmico (sistema de monitoria, bolsas de iniciação à pesquisa e bolsas de extensão);
- disponibilidade de espaço físico para a organização e a convivência estudantil;
- condições para participação na vida institucional via representação discente nos órgãos colegiados.

Integram, ainda, o PDI as formas de acompanhamento dos egressos, as quais se constituem em elemento valioso para a avaliação do processo educacional.

c. **Técnico-administrativos** – O corpo funcional de uma instituição de educação, além das suas tarefas específicas, contempla também uma dimensão pedagógica. Como integrantes de uma comunidade acadêmica, em que todos aprendem e todos ensinam algo, e na qual o conhecimento é a força motriz, os funcionários devem participar da vida institucional, sendo seu trabalho reconhecido como contribuição para o alcance das finalidades da instituição.

O PDI deve registrar, além do cronograma de expansão do quadro técnico-administrativo, as informações relativas aos critérios de seleção e contratação, à política de qualificação, ao regime de trabalho e à existência de plano de carreira.

A implantação de plano de carreira e plano de cargos e salários na IES valoriza o trabalho dos funcionários e contribui para o desenvolvimento integrado das funções-fim e das funções-meio.

2.3.6 Organização administrativa

Assim como a organização didático-pedagógica, a administrativa deve estar prevista no regimento da IES e ser explicitada no PDI mediante a descrição (Brasil, 2004c):

~ da estrutura organizacional com as instâncias de decisão, suas atribuições e os correspondentes organogramas;
~ dos órgãos colegiados, suas composições e competências;
~ do órgão responsável pela autoavaliação;
~ dos órgãos de apoio às atividades acadêmicas.

O grau de gestão democrática está contido nessas informações na medida em que se evidenciar a maior ou menor participação da comunidade acadêmica nas instâncias administrativas de natureza colegiada.

Devem ser descritas, ainda, as relações e as parcerias com a sociedade (comunidade, instituições diversas e empresas), destacando-se as formas de interação entre instituição, trabalho e prática social. Para as IES da iniciativa privada, é necessário descrever também as relações com a entidade mantenedora, devendo ser evidenciado o nível de autonomia em relação a ela.

2.3.7 Infraestrutura física e instalações

Ao se instituir uma IES, o plano das ideias materializa-se no adequado funcionamento da instituição. Para tanto, esta necessita dispor de instalações físicas e equipamentos compatíveis com as funções que pretende realizar. No PDI devem estar relacionados instalações e equipamentos existentes e previstos aqueles necessários para a expansão das atividades no período de sua vigência.

Além da descrição das instalações gerais existentes na IES e das previstas (salas de aula, administrativas, de reuniões, gabinetes e outras instalações), bem como dos equipamentos de uso geral (de informática, multimídia etc.), devem constar do PDI, segundo o Decreto nº 5.773/2006 (art. 16) e as instruções do MEC, as informações detalhadas dos seguintes elementos:

[...]

a) com relação à biblioteca: acervo de livros, periódicos acadêmicos e científicos e assinaturas de revistas e jornais, obras clássicas, dicionários e enciclopédias, formas de atualização e expansão, identificado sua correlação pedagógica com os cursos e programas previstos; vídeos, DVD, CD, CD-ROMS e assinaturas eletrônicas; espaço físico para estudos e horário de funcionamento, pessoal técnico administrativo e serviços oferecidos;

b) com relação aos laboratórios: instalações e equipamentos existentes e a serem adquiridos, identificando sua correlação pedagógica com os cursos e programas previstos, os recursos de informática disponíveis, informações concernentes à relação equipamento/aluno; e descrição de inovações tecnológicas consideradas significativas; e

c) plano de promoção de acessibilidade e de atendimento prioritário, imediato e diferenciado às pessoas portadoras de necessidades educacionais especiais ou com mobilidade reduzida, para utilização, com segurança e autonomia, total ou assistida, dos espaços, mobiliários e equipamentos urbanos, das edificações, dos serviços de transporte; dos dispositivos, sistemas e meios de comunicação e informação, serviços de tradutor e intérprete da Língua Brasileira de Sinais – LIBRAS [...].

2.3.8 Educação a distância

A educação a distância está prevista no art. 80 da LDBEN, e a sua regulamentação foi estabelecida pelo Decreto nº 5.622/2005.

Tendo obtido o credenciamento específico para atuar com educação a distância, a IES deve incluir e descrever no PDI a oferta ou a previsão de cursos, disciplinas ou demais projetos de educação a distância, levando em consideração os recursos materiais, tecnológicos, humanos, administrativo-financeiros e de gestão acadêmica necessários para garantir uma educação superior de qualidade.

Como são obrigatórios momentos presenciais para avaliação da aprendizagem e, conforme o caso, para atividades de laboratório, estágios e defesa de trabalhos de conclusão de curso, a IES deve relacionar no PDI os polos de apoio presencial – unidades operacionais onde são desenvolvidas atividades pedagógicas e administrativas relativas aos cursos e aos programas ofertados a distância.

2.3.9 Avaliação institucional

A avaliação interna da IES, segundo estabelece a legislação que instituiu o Sinaes, está a cargo da Comissão Própria de Avaliação (CPA). Composta por representantes dos três segmentos – professores, alunos e funcionários, e representantes da comunidade externa –, a CPA tem por atribuição a coordenação dos processos internos de avaliação da instituição, de sistematização e de prestação das informações solicitadas pelo MEC.

As informações fornecidas no PDI relativas à autoavaliação devem considerar: metodologia, dimensões e instrumentos utilizados ou previstos no processo avaliativo; formas de participação da comunidade acadêmica; formas de utilização dos resultados das avaliações.

2.3.10 Demonstrativo financeiro

Para atingir seus objetivos e cumprir com suas finalidades, a IES deve dispor de um aporte financeiro que garanta implementação de suas propostas, desenvolvimento de suas atividades e sustentabilidade financeira do empreendimento.

A demonstração de suas condições nesse âmbito ocorre pela apresentação no PDI do planejamento econômico-financeiro, com a descrição das receitas e das despesas previstas para o período de vigência.

Uma vez elaborado, o planejamento da IES deve ser implementado no período previsto de cinco anos, com acompanhamento contínuo de seu cronograma. A avaliação de caráter formativo tem um papel fundamental na consecução do que foi planejado, possibilitando a revisão de rumos.

Contudo, como se trata de um documento submetido à aprovação do MEC, as alterações desejadas devem ser feitas mediante aditivos ao original. A cada quinquênio, quando da elaboração de novo PDI, a IES incluirá, como um de seus componentes, a avaliação do alcance de suas finalidades, dos objetivos estabelecidos e do cumprimento das metas projetadas.

Síntese

A presença do planejamento institucional enquanto componente de uma política educacional é recente na educação brasileira. No texto da Lei nº 9.394/1996 – LDBEN, embora não conste explicitamente, o planejamento da educação superior encontra-se vinculado à ideia de avaliação institucional.

Buscamos no texto da lei e nos documentos oficiais as origens do PDI, começando por situar a avaliação. Decorrente das determinações da LDBEN, a política para a educação superior relativa ao sistema de ensino federal (IES federais e particulares) está centrada em três eixos: regulação, supervisão e avaliação. Para atender a esses dispositivos, as IES necessitam de instrumentos adequados de planejamento.

Vimos, pela definição, que plano é um documento que registra, seguindo um dado roteiro, as decisões tomadas no processo de planejamento e os procedimentos para colocá-las em prática, levando em consideração a realidade dada e aquela que se deseja atingir. O PDI é um plano, logo é o documento responsável por consolidar o produto do planejamento empreendido pela IES, abrangendo todas as dimensões institucionais e dando consequência às diretrizes do projeto pedagógico. O PDI constitui-se em referencial básico para o processo de avaliação institucional, atende a exigências de regulação do sistema federal de educação superior e é um instrumento essencial, juntamente com o PPI, para a reflexão coletiva e a gestão da IES.

De acordo com as primeiras orientações do MEC, as IES definem os caminhos para a construção do PDI, devendo, no entanto, privilegiar o trabalho coletivo de construção e atender ao disposto na legislação quanto aos elementos que o compõem. Os responsáveis pela ação de planejar a vida institucional de uma IES são os professores, os alunos e os funcionários, que formam a comunidade interna, e os representantes da comunidade externa que integram seus órgãos deliberativos. Devem fazer parte do PDI todas as informações relativas à instituição, como a sua missão, finalidades, objetivos e metas, cronogramas, organização didático-pedagógica e administrativa, infraestrutura física e equipamentos.

A composição do PDI deve abranger todas as instâncias institucionais. A descrição detalhada de cada item no documento assegura a memória da realidade presente da IES e do resultado da ação de planejamento. O PDI é um registro fiel de uma determinada situação, das intenções de modificá-la e das estratégias e dos meios para fazê-lo.

Atividades de Autoavaliação

1. Assinale como verdadeiras (V) ou falsas (F) as afirmativas a seguir:
    ( ) O PDI foi incluído na Lei nº 9.394/1996 como uma alternativa ao planejamento tecnocrático.
    ( ) O Decreto nº 5.773/2006 instituiu as funções de regulamentação, orientação e avaliação.
    ( ) Sendo um plano, o PDI é um documento que registra o que foi planejado para a IES.
    ( ) Entre os componentes do PDI deve constar a relação de todos os cursos a serem ofertados durante a sua vigência.

2. A missão, os objetivos e as metas integrantes do PDI devem estar em consonância com:
   a) a realidade planejada pelo sistema federal de ensino.
   b) a realidade em que se insere a IES.
   c) as prioridades estabelecidas nas diretrizes curriculares.
   d) o exercício profissional do egresso.

3. Assinale como verdadeiras (V) ou falsas (F) as afirmativas a seguir:
   ( ) O PDI não é elemento obrigatório nos procedimentos de regulação do sistema federal de educação superior.
   ( ) O PDI deve ser entendido como um roteiro para o efetivo desenvolvimento da IES.
   ( ) O art. 16 do Decreto n° 5.773/2006 discrimina os elementos que devem, minimamente, compor o PDI.
   ( ) No PDI é dispensável a apresentação do planejamento econômico-financeiro da IES.

4. Qual a diferença entre instituição e organização?
   a) Organização e instituição são sinônimos.
   b) Instituição diz respeito à educação e organização à empresa.
   c) Organização tem a ver com os fins e instituição com os meios.
   d) Organização refere-se à gestão e instituição a princípios e valores.

5. O PDI está regulamentado pelo Decreto n° 5.773/2006, que trata principalmente:
   a) das funções de regulação, supervisão e avaliação das IES.
   b) das funções do sistema de avaliação das IES.
   c) das normas para a educação em geral.
   d) dos currículos da educação superior.

Atividades de Aprendizagem

Questões para Reflexão

1. Leia com atenção o trecho a seguir extraído do documento do PDI da Universidade Federal de Mato Grosso. Destaque os pontos que você considera mais importantes e registre-os.

> O planejamento não pode ser entendido como atividade burocrática, executável por comissões ou grupos de planejamento, mas é de responsabilidade de todos os níveis hierárquicos da instituição, pois tem por objetivo o alcance de resultados, através de um processo sistemático de antecipação de ações futuras.
>
> [...] O processo de planejamento e administração das mudanças deve ter por base o modelo participativo. Além disso, é um engano considerar o planejamento como um processo que tem seu ponto final na formulação de um plano formal e estruturado. O planejamento é muito mais que isso, pois envolve diversas fases interligadas e integradas de formulação, execução, acompanhamento, controle e avaliação dos resultados gerados.
>
> [...] Portanto, o planejamento é uma ferramenta de trabalho utilizada para tomar decisões e organizar as ações de forma lógica e racional, de modo a garantir os melhores resultados e a concretização dos objetivos de uma sociedade, com os menores custos e no menor prazo possível. Ademais, entende-se que o planejamento incorpora e combina uma dimensão técnica e política, constituindo uma síntese técnico-política. Técnico, porque ordenado e sistemático e porque deve utilizar instrumentos de organização, sistematização e hierarquização da realidade e das variáveis do processo e um esforço de produção e organização de informações sobre o objeto e os instrumentos de intervenção. Político porque toda decisão e definição de objetivos passa por interesses e negociações entre atores sociais. (BRASIL, 2008)

2. Analise os exemplos a seguir de redação da missão, buscando identificar os valores e as finalidades expressos pelas IES.

   a) "Produzir, sistematizar e socializar o saber científico e tecnológico, através do ensino, da pesquisa e da extensão, ampliando e aprimorando a formação do capital humano para o exercício profissional, a reflexão crítica, a solidariedade, com vistas à construção de uma sociedade justa e democrática, de forma a contribuir para o desenvolvimento municipal, estadual e nacional." (BRASIL, 2004d)

   b) "[...] tem como missão a atividade educacional formativa, para desenvolver e preparar profissionais e cidadãos livres e conscientes que visem desenvolver seus projetos de vida, participativos, responsáveis, críticos e criativos, que desenvolvam, construam e apliquem o conhecimento para o aprimoramento contínuo da sociedade em que vivem e de futuras gerações." (FACULDADE FÊNIX, 2007)

Atividade Aplicada: Prática

Consulte pela internet o documento do PDI de uma IES. Procure por "plano de desenvolvimento institucional" em um *site* de busca ou escolha um dos *sites* abaixo com textos de PDI ou sobre a construção do PDI. Procure localizar no texto escolhido os principais componentes apresentados neste capítulo.

Universidade Federal de Lavras – MG:
http://www.ufla.br/pdi/PDI.pdf

Universidade Federal do Mato Grosso:
http://www.ufmt.br/pdi/word/PDI_IV_Proposta_Basica.pdf

Centro Federal de Educação Tecnológica do Rio Grande do Norte:
http://www.cefetrn.br/administrativo/plano-de-acao-pdi/plano-de-desenvolvimento-institucional-pdi.pdf/view

Universidade do Estado do Rio Grande do Norte:
http://www.uern.br/pdi/Roteiro%20PDI%20-%202007-2014.pdf

Capítulo 3

No segundo capítulo, abordamos o plano de desenvolvimento institucional (PDI), situando-o nos contextos legal e institucional. Identificamos suas finalidades enquanto integrante do contexto avaliativo e regulador da educação superior, destacamos sua relevância como instrumento de gestão da IES e apresentamos seus componentes, procurando fornecer uma visão geral de sua estrutura.

O projeto pedagógico institucional (PPI) e o projeto pedagógico de curso (PPC)

Vamos agora analisar outras duas instâncias de planejamento educacional: o projeto pedagógico institucional (PPI) e o projeto pedagógico de curso (PPC). Pretendemos demonstrar o significado e a especificidade de cada um no âmbito da IES e a sua contribuição para que esta possa contar com uma proposta pedagógica pertinente aos fins institucionais. Para atingir esse objetivo, consultamos documentos oficiais e autores que se dedicaram ao tema, buscando as origens da expressão *projeto pedagógico*, sua conceituação e as características que definem esse material. Em seguida, procuramos conceituar o PPI, identificando suas finalidades e sua composição e analisando sua relação com o PDI. Por fim, nossa atenção volta-se para o PPC, analisando-o no contexto do PPI e situando o currículo como elemento central na sua construção.

3.1 As origens da expressão *projeto pedagógico*

Após a promulgação da LDBEN, as instituições de educação superior tiveram que se adaptar aos novos dispositivos. Para a grande maioria delas, pertencentes ao sistema federal de ensino, as exigências de controle por parte do governo federal se fizeram presentes mediante os mecanismos de regulação, supervisão e avaliação. Em decorrência, se ainda não o faziam, as IES tiveram que adotar a sistemática do planejamento institucional.

Contudo, bem antes da promulgação da LDBEN, muitas instituições de educação superior, sobretudo as universidades, já adotavam formas de planejamento educacional, elaborando propostas pedagógicas enquanto documentos norteadores das políticas de ensino, pesquisa e extensão e de gestão.

Segundo Sheen (1999), a ideia de projeto pedagógico nas IES tem vinculação histórica com o Programa de Apoio às Instituições de Ensino Superior (Pades), criado na década de 1970 pela Coordenação de Aperfeiçoamento do Pessoal Docente de Nível Superior (Capes), órgão do MEC. A princípio com uma visão tecnicista, fruto do contexto da época, a concepção de projeto pedagógico do Pades estava fundada no pressuposto de que a qualidade do ensino residia na elaboração de propostas que enfatizassem uma ação sobre os meios e não sobre os fins institucionais.

Com a passagem do Pades para a SESu, na década de 1980, a qualidade do ensino visada pelo programa deixou de referir-se prioritariamente aos meios para vincular-se com mais ênfase aos fins institucionais. Assim, foi redefinido o conceito de qualidade de ensino, relacionando-o com a existência de um projeto político-pedagógico claramente definido em nível institucional.

A disseminação da noção de projeto pedagógico ocorreu também na educação básica, paralelamente ao ensino superior. Vamos encontrar em Libâneo, Oliveira e Toschi (2003, p. 357) uma contribuição para esclarecer o surgimento da prática de planejamento naquele nível de ensino. Afirmam eles que a ideia de planejamento difundiu-se nas escolas na década de 1970, na modalidade de planejamento curricular e que mais tarde "consolidou-se a expressão projeto pedagógico, que confere maior amplitude à ideia de um planejamento abrangente de todo o conjunto das atividades escolares e não apenas do currículo".

Verificamos, assim, que a expressão *projeto pedagógico* não é exclusiva de um nível de ensino; pelo contrário, ela se aplica com muita propriedade a todas as instituições educacionais, e a sua abrangência alcança o conjunto das instâncias institucionais.

Na década de 1990, tanto o PPI como o PPC já se consolidavam como elementos essenciais em inúmeras propostas de IES, de entidades afins e de comissões de estudo. Tais propostas, visando à melhoria da qualidade e pertinência da educação superior, fundamentavam-se na concepção de um ensino de graduação formativo e emancipador. Destacam-se, nesse período, os documentos da Comissão Nacional de Avaliação (Brasil, 1993) e do Fórum de Pró-Reitores de Graduação das Universidades Brasileiras (ForGRAD – Fórum de Pró-Reitores de Graduação das Universidades Brasileiras, 1999a).

Enquanto essas questões eram discutidas no contexto das IES, a legislação incorporou a expressão *projeto pedagógico*, entendendo como consagrado o seu uso. Na LDBEN encontramos ora a expressão *proposta pedagógica* (arts. 12 e 13), ora a expressão *projeto pedagógico* (art. 14).

No período que se seguiu à promulgação da LDBEN, em 2003, foi feita menção a projeto pedagógico institucional (PPI), referente à educação superior, no documento da proposta de instituição do Sinaes. De acordo com o texto, a ênfase na avaliação deve centrar-se nos processos de ensino, pesquisa e extensão, levando em conta "a concepção de formação e de responsabilidade social nos termos definidos pelo Projeto Pedagógico Institucional" (Brasil, 2003b, p. 103).

Assim, o PPI passou a integrar, ao lado do PDI, o rol de documentos que as IES deveriam apresentar quando do processo de avaliação institucional. Uma vez implantado o Sinaes, encontramos nas orientações sobre a sua sistemática a explicitação do significado de *plano de desenvolvimento institucional* (PDI), *projeto pedagógico institucional* (PPI) e *projeto pedagógico de curso* (PPC). Cada um deles com suas especificidades, mas todos articulados e complementares entre si (Brasil, 2006).

No entanto, embora previstas a articulação e a complementaridade do trinômio PDI, PPI e PPC no contexto da avaliação institucional, o Decreto nº 5.773/2006 alterou a relação entre PDI e PPI. O inciso II do art. 16 refere-se ao PPI como um dos elementos que devem compor o PDI. As implicações dessa medida serão analisadas posteriormente.

3.1.1 O significado de *projeto pedagógico*

Se formos procurar o significado do termo *projeto* no dicionário, veremos que, segundo Ferreira (1975), é originário do latim e, entre outros sentidos, quer dizer "lançar para diante". Assim, podemos entender que a natureza de um projeto é voltar-se para o futuro, é definir rumos para alcançar fins, é lançar-se do presente para conquistar novos horizontes.

Afirma Gadotti (1998, p. 4) que "todo projeto supõe rupturas com o presente e promessas para o futuro". Para ele, o ato de projetar implica a tentativa de sair de uma realidade dada, conhecida e estável, assumindo riscos e passando por períodos instáveis, e de buscar uma nova realidade, melhor que a presente. Aplicando esse significado à educação, entendemos que todo projeto empreendido no âmbito de uma instituição educacional deve estar comprometido com a mudança, com a transformação, com a inovação. A razão desse compromisso é o atendimento às finalidades institucionais.

Quando falamos de projeto pedagógico, estamos nos referindo às concepções de educação e de processo de ensino-aprendizagem que o fundamentam e que se concretizam nas ações a serem desenvolvidas. Portanto, o projeto pedagógico expressa o caráter filosófico e teórico--metodológico da ação pedagógica da IES e/ou de um curso, definindo a sua política quanto às funções básicas da educação superior: o ensino, a pesquisa e a extensão.

Essa é a sua dimensão pedagógica, na qual a instituição educacional e seus cursos cumprem com seus propósitos específicos de apropriação, produção e disseminação do saber.

Por outro lado, sendo ato intencional de uma instituição social, cujo fim último deve ser a coletividade, seus interesses e, principalmente, suas necessidades, o projeto pedagógico apresenta também uma dimensão política, na medida em que está voltado para a formação da cidadania, como declara Veiga (1995, p. 13): "é político no sentido de compromisso com a formação do cidadão para um tipo de sociedade".

Pelo seu caráter político e pedagógico, o projeto de uma instituição educacional, ou de um curso, necessita estar sempre aberto a reformulações durante sua concretização, acompanhando as demandas sociais e propondo novos caminhos. Logo, deve ser entendido como processo, e não como produto. Sua construção não acaba com um documento formal; este representa apenas uma etapa da caminhada sempre inconclusa.

A responsabilidade pela construção do projeto pedagógico cabe a todos a ele vinculados: gestores, professores, alunos, funcionários e representantes da comunidade; todos devem ser estimulados a participar em todas as etapas. O trabalho coletivo e participativo de construir um projeto gera o comprometimento com sua implementação e avaliação.

Segundo Gadotti (2000, p. 1), "as soluções devem surgir do coletivo, através do diagnóstico preciso, de objetivos a serem alcançados, da discussão, da tomada de decisão, da execução e da avaliação coletivas". A participação na construção de um projeto pedagógico apresenta também um cunho formativo, propiciando o exercício democrático, o intercâmbio de saberes e a convivência das diferenças.

O ponto de partida para a construção do projeto pedagógico é a realidade dada: o contexto em que se insere uma instituição e/ou curso, os fins, princípios e valores norteadores, o arcabouço legal que rege a organização e o seu funcionamento, os seus atores, os procedimentos adotados, as ações empreendidas, enfim, todos os seus componentes. A esse conjunto Gadotti (1998, p. 2) denomina de "o instituído" quando declara que o projeto pedagógico "necessita sempre rever o instituído para, a partir dele, instituir outra coisa. Tornar-se instituinte".

Para Libâneo, Oliveira e Toschi (2003, p. 260), o caráter instituinte do projeto pedagógico significa que ele "estabelece, cria objetivos, procedimentos, instrumentos, modos de agir, formas de ação, estruturas, hábitos, valores". Podemos, pois, entender que esses novos componentes instituídos, no futuro, serão confrontados em outra ação instituinte, resultante de um movimento permanente de revisão e reformulação.

3.2 O conceito de projeto pedagógico institucional (PPI)

Até aqui, você acompanhou a exposição de argumentos que procuram demonstrar, pelas características principais, o conceito de projeto pedagógico. Tendo em mente essa conceituação, vamos agora analisar o conceito específico de PPI.

Para tornar-se instituinte, o projeto pedagógico da IES deve ter como marco inicial a reflexão sobre a realidade. A compreensão da sociedade enquanto processo histórico que se constrói, se inter-relaciona e interage em um contexto cada vez mais global e interdependente e das implicações dele decorrentes, fundamenta a análise da realidade institucional. Esse diagnóstico inicial será sempre provisório, face ao movimento contínuo que deve haver por parte da IES no sentido de captar o dinamismo da realidade social, suas demandas, necessidades e prioridades.

Como projeto de uma instituição social, o projeto pedagógico de uma IES está relacionado à cidadania. Seu valor central é a construção da cidadania, e o núcleo da ação pedagógica é a formação do cidadão, "de profissionais que irão atuar na realidade, construindo-a e transformando-a" (Anastasiou, 2006, p. 150).

Recorrendo à documentação do Sinaes, vamos encontrar a definição do PPI como "um instrumento político, filosófico e teórico-metodológico que norteará as práticas acadêmicas da IES, tendo em vista sua trajetória histórica, inserção regional, vocação, missão, visão e objetivos gerais e específicos" (Brasil, 2006, p. 35).

Analisando essa definição, verificamos que ela contempla as características principais de um projeto pedagógico tal como foram explicitadas anteriormente:

~ apresenta as dimensões pedagógica e política (instrumento político, filosófico e teórico-metodológico);
~ indica (norteará) os rumos das funções básicas da educação superior: ensino, pesquisa e extensão (as práticas acadêmicas da IES);
~ considera o perfil da instituição e seus fins (trajetória histórica, inserção regional, vocação, missão, visão e objetivos gerais e específicos).

Podemos, então, afirmar que:

> O PPI é um processo intencional, permanente, coletivo e participativo, pelo qual uma IES, com base em sua missão e fins, define a sua política quanto às funções básicas de ensino, pesquisa e extensão e de gestão, considerando sua história e o contexto em que se insere.

3.2.1 A relação do PPI com o PDI

Tendo conceituado projeto pedagógico em geral e o PPI em particular, vamos agora lançar uma indagação:

> O que diferencia o PPI do PDI, se ambos estão voltados para a consecução dos fins institucionais, levam em conta todos os aspectos da IES e explicitam as decisões do conjunto institucional?

Podemos responder a essa questão voltando ao capítulo anterior, quando definimos o termo *plano* como sendo o produto do planejamento. O PDI é um plano e, como tal, é um documento que registra o resultado de um processo de planejamento com vistas à gestão da IES. O PPI é um processo permanente de planejamento que impulsiona e (re)orienta a IES, voltado aos fins institucionais. O documento que o acolhe, explicita etapas de uma caminhada.

Na linha do tempo, o PPI deve preceder, acompanhar e ultrapassar o período de vigência do PDI. Enquanto fundamento deste, expressa uma visão de mundo e de educação, evidenciando o papel da IES e sua contribuição social por meio do ensino, da pesquisa e da extensão, com intuito de formar o cidadão e o profissional. PPI e PDI são duas faces complementares e articuladas do planejamento educacional.

O PDI, vigente por cinco anos, representa uma parada cíclica na dinâmica institucional. Como um retrato instantâneo da realidade presente, fixa os objetivos e as metas; estabelece prioridades, meios e recursos; estima prazos e custos.

O PPI independe de prazos por seu caráter de inconcluso, por estar aberto à incorporação de mudanças. Ele delineia "o horizonte de longo prazo, não se limitando, portanto, a um período de gestão" (Brasil, 2006, p. 35).

Pois bem, essa compreensão de que PDI e PPI são instrumentos independentes, porém articulados e complementares, é colocada à prova frente ao disposto no Decreto nº 5.773/2006, que inclui o PPI como um dos componentes do PDI.

Vamos analisar as implicações dessa medida na prática das IES levantando novamente uma questão:

> A inclusão no PDI significa que, a cada cinco anos, etapas do PPI serão nele registradas, sem interrupção do processo permanente de sua construção?

Acreditamos que, se for esse o entendimento do dispositivo legal que relaciona o PPI no texto do PDI, não haverá confronto com os conceitos de projeto pedagógico e de PPI anteriormente explanados. Pelo contrário, a inclusão enriquece o PDI.

Contudo, entendemos que nem sempre será essa a compreensão da inclusão. Ela poderá representar a subordinação do PPI às características do PDI, perdendo a condição de processo para tornar-se parte de um produto. O decreto, elegendo o PDI como o instrumento principal de planejamento das IES, coloca o PPI na condição de coadjuvante da regulação da educação superior. A propósito de política regulatória e ação emancipatória, Veiga (2003, p. 271) afirma que "a inovação regulatória significa assumir o projeto político-pedagógico como um conjunto de atividades que vão gerar um produto: um documento pronto e acabado. Nesse caso, deixa-se de lado o processo de produção coletiva. Perde-se a concepção integral de um projeto e este se converte em uma relação insumo/processo/produto". Esse ponto de vista da autora reforça a nossa preocupação. Porém, o que nos leva a acreditar que o PPI possa perder seu caráter de processo político-pedagógico permanente são as orientações oficiais que detalham os elementos que compõem o PPI, como veremos a seguir.

3.2.2 A composição do PPI

Até 2006, com base no mencionado documento do Sinaes, constatamos que a composição do PPI incluía, entre outros elementos (Brasil, 2004b):

- ~ histórico da instituição;
- ~ seus mecanismos de inserção regional;
- ~ sua missão;
- ~ âmbitos de atuação;
- ~ princípios filosóficos gerais;
- ~ políticas de gestão, de ensino, de pesquisa e, quando for o caso, de extensão;
- ~ perfil humano;
- ~ perfil profissional;
- ~ concepções de processos de ensino e de aprendizagem, de currículo, de avaliação de ensino e de planejamento;
- ~ os diversos programas.

Por outro lado, de acordo com o MEC, nas Instruções para Elaboração de Plano de Desenvolvimento Institucional (Brasil, 2007a), baseadas no Decreto nº 5.773/2006, devem constar na composição do PPI os seguintes elementos:

- ~ *inserção regional;*
- ~ *princípios filosóficos e teórico-metodológicos gerais que norteiam as práticas acadêmicas da instituição;*

- [*organização didático-pedagógica da instituição*];
- *políticas de ensino;*
- *políticas de pesquisa (se for o caso);*
- *políticas de extensão (se for o caso);*
- *políticas de gestão;*
- *responsabilidade social da instituição, enfatizando a contribuição à inclusão social e ao desenvolvimento econômico e social da região.*

Desse rol não fazem parte diversos itens integrantes da relação anterior à decretação da inclusão do PPI no PDI. Os itens excluídos são os seguintes:

- histórico da instituição;
- sua missão;
- âmbitos de atuação;
- perfil humano;
- perfil profissional;
- concepções de processos de ensino e de aprendizagem, de currículo, de avaliação de ensino e de planejamento;
- os diversos programas.

Como podemos observar, foram retirados itens essenciais para a composição do projeto pedagógico enquanto processo político-pedagógico permanente e instituinte. Em decorrência, o conceito de PPI expresso no documento do Sinaes perde também sua consistência, sobretudo nas dimensões política e pedagógica.

As consequências, a nosso ver, são as seguintes:

- ruptura na sistemática adotada até então, que consagrava os dois instrumentos como complementares e essenciais para o planejamento da IES;
- fragmentação do processo de construção do PPI em ciclos, impondo um limite temporal, com duração de cinco anos;

- aprisionamento do PPI em um documento acabado, instituído, retirando seu caráter instituinte;
- burocratização do PPI, pois qualquer alteração no PDI durante sua vigência deve ser solicitada ao MEC mediante processo de aditamento;
- esmorecimento da motivação e da participação da comunidade acadêmica na construção de um processo político-pedagógico permanente.

Porém, nada impede que as IES deem continuidade aos seus projetos pedagógicos, superando a interpretação estreita e linear do dispositivo legal. Para isso, é preciso vontade política e empenho da comunidade institucional para "lançar para diante" suas propostas. Segundo o ForGRAD, "A história tem demonstrado que as mudanças pedagógicas não se fazem por decretos, normas e portarias. Elas são processuais e se constituem no tempo, pela dinâmica da articulação entre a subjetividade (vontade de mudar) e a objetividade (condições objetivas para que as mudanças ocorram)" (Fórum de Pró-Reitores de Graduação das Universidades Brasileiras, 1999a, p. 15).

3.2.3 Implementação e acompanhamento do PPI

Como processo, o PPI está em constante elaboração e revisão. A avaliação deve estar presente em todas as fases, acompanhando a elaboração, a implantação e o desenvolvimento das diretrizes traçadas para as atividades acadêmicas e de gestão que lhes dão sustentação.

Gadotti (1998) destaca, entre os facilitadores do êxito do projeto pedagógico de uma instituição, os seguintes elementos: comunicação eficiente, com enunciado facilmente compreendido; adesão voluntária e consciente ao projeto, resultando em corresponsabilidade; suporte institucional e financeiro, fruto da vontade política de implementação; controle, acompanhamento e avaliação do projeto.

3.3 O conceito de projeto pedagógico de curso (PPC)

Em vista do exposto, verificamos que o PPI estabelece as diretrizes para as atividades acadêmicas das IES e a ele se vinculam os projetos específicos de cada curso.

Passemos, então, a analisar a conceituação de PPC, sua relevância no contexto da instituição educacional e as relações com o currículo.

A partir das linhas gerais estabelecidas pelo PPI para as atividades acadêmicas, cada curso da IES deve construir seu PPC, considerando as especificidades da área de conhecimento e de atuação à qual está vinculado. Desse modo, ao conjunto de cursos de uma instituição corresponde um conjunto de PPCs diversificados entre si, porém articulados às mesmas diretrizes institucionais.

A concretização do planejamento das atividades acadêmicas ocorre na relação entre discente/conhecimento/docente e a realidade. Logo, o ponto de convergência do PPC é a formação do cidadão/profissional.

De acordo com o documento do Sinaes, o PPC "é a referência das ações e decisões de um determinado curso em articulação com a especificidade da área de conhecimento no contexto da respectiva evolução histórica do campo de saber" (Brasil, 2006, p. 36). Este mesmo documento revela que, mais ainda, ele define a identidade formativa nos âmbitos humano, científico e profissional, as concepções pedagógicas e as orientações metodológicas e estratégicas para o ensino e a aprendizagem e sua avaliação, o currículo e a estrutura acadêmica do seu funcionamento.

Podemos concluir, então, que o PPC é um processo intencional, permanente, coletivo e participativo, pelo qual um curso de uma IES, com base na missão, nos fins e nas diretrizes institucionais e nas especificidades de sua área de conhecimento, define os rumos da formação do cidadão/profissional.

Portanto, assim como o PPI direciona as atividades acadêmicas no âmbito da IES, o PPC o faz em relação a um curso específico. As características que levantamos em relação ao PPI aplicam-se ao PPC. Ele deve constituir-se em processo aberto, dinâmico, coletivo, participativo, apresentando as dimensões política (relação do curso com a sociedade) e pedagógica (relação com o conhecimento) ancoradas em fundamentos sólidos.

O PPC, como instrumento de ação política, deve proporcionar condições para que o cidadão, ao desenvolver suas atividades acadêmicas e profissionais, "paute-se na competência e na habilidade, na democracia, na cooperação, tendo a perspectiva da educação/formação em contínuo processo como estratégia essencial para o desempenho de suas atividades" (Fórum de Pró-Reitores de Graduação das Universidades Brasileiras, 1999a, p. 11).

A questão da formação do cidadão/profissional está, pois, no cerne do PPC. Segundo Coelho (1993, p. 67), "a sociedade atual está a exigir a formação de indivíduos que se assumam, ao mesmo tempo, como cidadãos e profissionais capazes de pensar a realidade existente e as respectivas áreas de conhecimento e atuação".

Antes da vigência da LDBEN, os cursos de graduação seguiam os currículos mínimos, compulsórios, válidos para todo o país e fixados pelo então Conselho Federal de Educação. Caracterizados por uma rígida configuração formal – a chamada *grade curricular* –, apresentavam um elevado detalhamento de disciplinas e cargas horárias a serem obrigatoriamente cumpridas. A imposição de seguir um currículo com pouca margem de autonomia inibia a inovação e a diversificação dos projetos pedagógicos das instituições.

Os motivos para a existência dos currículos mínimos eram vários:

~ observar normas gerais válidas para o país, assegurando aos alunos os mesmos conteúdos, duração e denominação em qualquer instituição;

~ facilitar as transferências entre instituições;
~ garantir qualidade e uniformidade mínimas aos cursos que conduziam a um diploma profissional;
~ fornecer diplomas profissionais, assegurando o exercício das prerrogativas e dos direitos da profissão.

Verificamos que, entre os motivos, destaca-se a preocupação com a diplomação e o exercício profissionais. Isso porque a lei anterior que regulamentava o ensino superior, ou seja, a Lei nº 5.540/1968, revogada pela atual LDBEN com exceção do seu art. 16, especificava que os diplomas de um curso importavam em "capacitação para o exercício profissional na área abrangida pelo respectivo currículo".

A LDBEN, no entanto, estabelece no art. 48 que "os diplomas [...] terão validade nacional como prova da formação recebida por seu titular", não fazendo vinculação entre diploma, profissão e exercício profissional.

Vamos refletir um pouco sobre essa questão.

Entre as finalidades da educação superior, relacionadas no art. 43 da LDBEN, encontra-se a seguinte:

> [...]
> II – *formar diplomados nas diferentes áreas de conhecimento, aptos para a inserção em setores profissionais e para a participação no desenvolvimento da sociedade brasileira e colaborar na sua formação contínua* [...].

A diferença em relação à legislação anterior está na concepção de educação superior como "formação", contrapondo-se à antiga concepção de "capacitação".

O significado da desvinculação entre diploma e exercício profissional reside na ênfase que a LDBEN coloca no processo de formação e não no exercício profissional que virá ao término do curso. Em função do dinamismo do mundo do trabalho e do avanço da ciência e da tecnologia, as condições de exercício profissional alteram-se constantemente, exigindo um profissional preparado para enfrentar os desafios decorrentes desse contexto. É preciso ter claro que a profissionalização não ocorre por si mesma, faz-se necessária a previsão, teórica e prática, da formação inicial a ser complementada pela formação continuada.

A partir do disposto na lei, uma nova compreensão de currículo teria que ser pensada – da grade de disciplinas para uma matriz de conteúdos. Vejamos como se deu essa passagem.

3.3.1 O PPC e a flexibilidade curricular

Um pouco antes da promulgação da LDBEN, em 1995, foi criado o Conselho Nacional de Educação (CNE), o qual passou a ter, entre suas atribuições, a deliberação sobre as diretrizes curriculares para os cursos de graduação. Com base nessa competência e em vista da aprovação da LDBEN, o CNE iniciou uma série de estudos e consultas a inúmeras entidades acadêmicas, profissionais e sociais, com intuito de definir a concepção e os princípios norteadores das diretrizes curriculares para a educação superior.

Os debates e as propostas em relação à mudança dos paradigmas curriculares para a educação superior, promovidos pelo CNE, conduziram à definição das Diretrizes Curriculares Nacionais dos Cursos de Graduação. O Parecer nº 67/2003 do CNE/CES refere-se à definição contida no Parecer nº 776/1997 da mesma câmara, segundo a qual as Diretrizes Curriculares são "orientações para a elaboração dos currículos que devem ser necessariamente respeitadas por todas as instituições de ensino superior [...] [assegurando] a flexibilidade e a qualidade da formação oferecida aos estudantes".

Como podemos verificar nessa definição, dois princípios básicos sustentam a concepção das Diretrizes: a flexibilização dos currículos e a qualidade da formação. Assegurando às IES ampla liberdade na composição da matriz curricular, as Diretrizes indicam os tópicos ou campos de estudo e demais experiências de ensino-aprendizagem que devem compor os currículos, evitando a fixação de conteúdos específicos.

Vamos recorrer ainda ao Parecer nº 67/2003 para termos um panorama das finalidades das Diretrizes Curriculares Nacionais para os Cursos de Graduação. Assim, contrapondo-se aos currículos mínimos, as Diretrizes:

> 1) [...] *concebem a formação de nível superior como um processo contínuo, autônomo e permanente, com uma sólida formação básica e uma formação profissional fundamentada na competência teórico-prática, de acordo com o perfil de um formando adaptável às novas e emergentes demandas;*
>
> 2) [...] *ensejam a flexibilização curricular e a liberdade de as instituições elaborarem seus projetos pedagógicos para cada curso segundo uma adequação às demandas sociais e do meio e aos avanços científicos e tecnológicos, conferindo-lhes uma maior autonomia na definição dos currículos plenos dos seus cursos;*
>
> 3) [...] *orientam-se na direção de uma sólida formação básica, preparando o futuro graduado para enfrentar os desafios das rápidas transformações da sociedade, do mercado de trabalho e das condições de exercício profissional;*
>
> 4) [...] *se propõem ser um referencial para a formação de um profissional em permanente preparação, visando uma progressiva autonomia profissional e intelectual do aluno, apto a superar os desafios de renovadas condições de exercício profissional e de produção de conhecimento e de domínio de tecnologias;*
>
> 5) [...] *pretendem preparar um profissional adaptável a situações novas e emergentes;*
>
> 6) [...] *devem ensejar variados tipos de formação e habilitações diferenciadas em um mesmo programa; e*
>
> 7) [...] *não se vinculam a diploma e a exercício profissional [...].*

A partir da instituição das Diretrizes Nacionais foram sendo definidas as diretrizes curriculares por curso, considerado segundo a respectiva área de conhecimento. Enquanto no modelo fechado dos currículos mínimos todas as disciplinas de um curso convergiam para um exercício profissional preestabelecido, instituído, nivelado para o país todo, a concepção das diretrizes curriculares por curso leva em conta o perfil desejado do formando/profissional, bem como as competências e as habilidades a serem desenvolvidas no processo de formação.

A passagem da concepção curricular rígida para a flexibilização exigiu mudanças na estrutura curricular e na prática pedagógica dos cursos, implicando reformulação dos PPIs e dos PPCs.

De acordo com o documento apresentado e aprovado no XII Fórum Nacional do ForGRAD, intitulado *Plano Nacional de Graduação – Um projeto em construção* (Fórum de Pró-Reitores de Graduação das Universidades Brasileiras, 1999b), os parâmetros propostos para as Diretrizes Curriculares Nacionais indicam:

~ *um projeto pedagógico construído coletivamente;*
~ *flexibilidade, de modo a absorver transformações ocorridas nas diferentes fronteiras das ciências;*
~ *formação integral que possibilite a compreensão das relações de trabalho, de alternativas sociopolíticas de transformação da sociedade, de questões de fundo relacionadas ao meio ambiente e à saúde, na perspectiva de construção de uma sociedade sustentável;*
~ *graduação como etapa inicial, formal, que constrói a base para o permanente e necessário processo de educação continuada;*
~ *incorporação de atividades complementares em relação ao eixo fundamental do currículo;*
~ *interdisciplinaridade;*
~ *predominância da formação sobre a informação;*

~ *articulação entre teoria e prática;*
~ *promoção de atividades educativas de natureza científica e de extensão;*
~ *a indissociabilidade entre ensino, pesquisa e extensão.*

Podemos perceber, pelos itens citados, as dimensões do trabalho de construir PPCs que, atendendo aos propósitos das Diretrizes Curriculares Nacionais dos Cursos de Graduação, estejam efetivamente voltados para as necessidades da sociedade e proporcionem a formação para a cidadania e para o mundo do trabalho.

3.3.2 A composição do PPC

Ainda nos valendo do documento do Sinaes, na composição do PPC devem constar, entre outros, os seguintes componentes (Brasil, 2006, p. 36):

~ *histórico do curso;*
~ *sua contextualização na realidade social, o que possibilita articulá-lo às distintas demandas da sociedade;*
~ *a aplicação das políticas institucionais de ensino, de pesquisa, quando for o caso, e de extensão;*
~ *[...] os elementos das Diretrizes Curriculares Nacionais, assegurando a expressão de sua identidade e inserção local e regional.*

Esses elementos das Diretrizes anteriormente mencionados são relacionados pelo Parecer nº 67/2003 do CNE/CES:

[...]

a) perfil do formando/egresso/profissional – conforme o curso, o projeto pedagógico deverá orientar o currículo para um perfil profissional desejado;

b) competência/habilidades/atitudes;

c) habilitações e ênfase;

d) *conteúdos curriculares;*
e) *organização do curso;*
f) *estágios e atividades complementares;*
g) *acompanhamento e avaliação.* [...]

No PPC deve ser explicitado, ainda, o plano de ensino das disciplinas ou unidades curriculares, do qual constem a ementa, os conteúdos, as cargas horárias, a metodologia de ensino, as atividades discentes, os critérios de avaliação e as bibliografias básica e complementar.

Sendo um processo, o PPC deve estar em permanente avaliação. Evidentemente, quando se fala em reconstrução ou revisão do projeto pedagógico, não significa que o currículo de um curso mude a toda hora. As modificações curriculares devem ser criteriosamente estudadas, uma vez que implicam alterações no registro da vida acadêmica do aluno. O sentido da flexibilização curricular reside justamente na possibilidade de, a partir de um núcleo gerador, desenvolver o processo formativo mediante múltiplas formas de apropriação e produção do conhecimento e de interação com a realidade.

O currículo de um curso, orientado pelas diretrizes curriculares específicas, deve "contemplar um núcleo que caracterize a identidade do curso e em torno do qual se construa uma estrutura que viabilize uma formação mais generalista e que aproveite todas as possibilidades e todos os espaços de aprendizado possíveis" (Fórum de Pró-Reitores de Graduação das Universidades Brasileiras, 2003, p. 4). Significa dizer que o currículo não se resume mais a uma "grade" de disciplinas como antes, mas se refere ao conjunto das atividades desenvolvidas ao longo do processo de formação.

Conforme o documento do Sinaes,

> *o currículo é concebido como um espaço de formação plural, dinâmico e multicultural, fundamentado nos referenciais socioantropológicos,*

psicológicos, epistemológicos e pedagógicos em consonância com o perfil do egresso. Estes referenciais instituem o currículo como um conjunto de elementos que integram os processos de ensinar e de aprender num determinado tempo e contexto, garantindo a identidade do curso e o respeito à diversidade regional. (Brasil, 2006, p. 36)

3.3.3 Implementação e acompanhamento do PPC

Enquanto fruto do trabalho coletivo, o PPC viabiliza a construção do processo formativo. Porém, não basta apenas planejá-lo. Há que se colocá-lo em prática. Segundo Anastasiou (2006, p. 155), "o desafio está também na sua operacionalização, uma vez que o habitus de atuação tradicional, isolada, individualizada do currículo grade continuará presente na ação do professor que irá atuar no novo projeto proposto". Por essa razão, a participação de todos os envolvidos é essencial em todas as fases: da reflexão à concretização e à avaliação das propostas.

Síntese

A utilização das expressões *projeto pedagógico, projeto pedagógico institucional* e *projeto pedagógico de curso* intensificou-se a partir dos anos 1970. Na década de 1990, essas expressões já integravam as propostas de IES e entidades voltadas para a melhoria da educação superior.

O projeto pedagógico é um processo intencional, coletivo e participativo, pelo qual uma instituição educacional e/ou um curso, partindo de uma dada realidade, definem rumos para o alcance de uma nova realidade, tendo como horizonte os fins institucionais. Estão presentes no projeto pedagógico duas dimensões indissociáveis, a pedagógica (a relação com o saber) e a política (a relação com a sociedade). Sendo pedagógico e político, o projeto pedagógico é um processo coletivo de planejamento aberto e dinâmico, e não um produto acabado. Parte do instituído (a realidade determinada) e deve procurar tornar-se instituinte (fator de transformação da realidade).

O PPI é um instrumento político, filosófico e teórico-metodológico norteador das práticas acadêmicas. O projeto pedagógico da IES deve ter como marco inicial a reflexão sobre a realidade social e como valor de referência a cidadania.

O PDI e o PPI são de naturezas diferentes. O PDI é o produto do planejamento com vistas à gestão da IES. O PPI é um processo permanente que impulsiona e (re)orienta a IES, voltado aos fins institucionais. São duas faces complementares e articuladas do planejamento educacional. Enquanto fundamento do PDI, o PPI expressa uma visão de mundo e de educação, evidenciando o papel da IES e sua contribuição social por meio do ensino, da pesquisa e da extensão, com intuito de formar o cidadão e o profissional.

A inclusão do PPI como um dos componentes do PDI resulta no empobrecimento da sua conceituação inicial, em função da retirada de componentes essenciais, sobretudo nas dimensões política e pedagógica. As IES podem e devem continuar construindo seus PPIs com vontade política e determinação.

Assim como o PPI, o PPC deve se constituir em processo aberto, dinâmico, coletivo, participativo, apresentando as dimensões política e pedagógica ancoradas em fundamentos sólidos, voltado para a formação do cidadão/profissional.

Os currículos mínimos estavam direcionados prioritariamente para a capacitação profissional e a emissão de diploma para o exercício profissional. O estabelecimento de Diretrizes Curriculares Nacionais para os Cursos de Graduação representa a adoção de uma concepção de educação superior voltada para a formação do cidadão/profissional. As Diretrizes Curriculares são orientações para a elaboração dos currículos. Indicam os tópicos ou campos de estudo e demais experiências de ensino-aprendizagem que devem compor os currículos e levam em conta o perfil desejado do formando/profissional, bem como as competências e as habilidades a serem desenvolvidas no processo de formação.

O PPC tem como componente central o currículo do curso, entendido como conjunto de todas as atividades desenvolvidas no processo de formação a partir de uma matriz em consonância com as diretrizes curriculares específicas.

O acompanhamento da implantação e do desenvolvimento do PPC deve ser contínuo, assegurando a participação de todos os envolvidos na sua construção.

Atividades de Autoavaliação

1. Assinale como verdadeiras (V) ou falsas (F) as afirmativas a seguir:
   ( ) O PPI independe de prazos por estar fechado à incorporação de mudanças.
   ( ) O PDI e o PPI são complementares e articulados.
   ( ) O PDI é processo e o PPI é seu produto.
   ( ) O PPC independe do PPI.

2. As Diretrizes Curriculares Nacionais são:
   a) orientações do MEC para a elaboração dos currículos mínimos.
   b) obrigações a serem seguidas somente pelas IES do sistema federal.
   c) orientações do CNE para elaboração dos currículos de cursos superiores.
   d) instruções de como elaborar a grade curricular.

3. O PPI é um instrumento político, filosófico e teórico-metodológico que norteia:
   a) a gestão da IES.
   b) as diretrizes curriculares emanadas do MEC.

c) a expansão das atividades administrativas.
d) as práticas acadêmicas da IES.

4. Assinale como verdadeiras (V) ou falsas (F) as afirmativas a seguir:
( ) A responsabilidade pela construção do projeto pedagógico cabe aos gestores educacionais unicamente.
( ) Para tornar-se instituinte, o projeto pedagógico da IES deve ter como marco inicial a reflexão sobre a realidade.
( ) PPI e PDI são duas faces complementares e articuladas do planejamento institucional.
( ) Dois princípios básicos sustentam a concepção das Diretrizes Curriculares: a rigidez dos currículos e a profissionalização.

5. O PPC deve ter na sua composição, entre outros itens:
a) o histórico do curso e os elementos das Diretrizes Curriculares.
b) a infraestrutura física da instituição.
c) a previsão de novos cursos a serem ofertados.
d) o planejamento da IES.

Atividades de Aprendizagem

Questões para Reflexão

1. Leia o extrato de texto seguinte e destaque seus pontos principais. Registre-os e discuta com seus colegas.

> A *autonomia e a participação* – pressupostos do projeto político--pedagógico da escola – não se limitam à mera declaração de princípios consignados em algum documento. Sua presença precisa ser sentida no conselho de escola ou colegiado, mas também na escolha do livro didático, no planejamento do ensino, na organização de eventos culturais, de atividades cívicas, esportivas, recreativas. Não basta apenas assistir reuniões.

*A gestão democrática deve estar impregnada por uma certa **atmosfera** que se respira na escola, na circulação das informações, na divisão do trabalho, no estabelecimento do calendário escolar, na distribuição das aulas, no processo de elaboração ou de criação de novos cursos ou de novas disciplinas, na formação de grupos de trabalho, na capacitação dos recursos humanos, etc. A gestão democrática é, portanto, **atitude** e **método**. A atitude democrática é necessária, mas não é suficiente. Precisamos de métodos democráticos de efetivo exercício da democracia. Ela também é um aprendizado, demanda tempo, atenção e trabalho.*

*[...] Enfim, um **projeto político-pedagógico da escola** apoia-se:*

a) no desenvolvimento de uma consciência crítica;

b) no envolvimento das pessoas: a comunidade interna e externa à escola;

c) na participação e na cooperação das várias esferas de governo;

d) na autonomia, responsabilidade e criatividade como processo e como produto do projeto.

O projeto da escola depende sobretudo da ousadia dos seus agentes, da ousadia de cada escola em assumir-se como tal, partindo da cara que tem, com o seu cotidiano e o seu tempo-espaço. (GADOTTI, 1998, p. 3)

2. Leia o seguinte trecho extraído de Veiga, identificando as ideias principais da autora sobre projeto pedagógico. Depois, registre-as e discuta com seus colegas.

O projeto político-pedagógico, na esteira da inovação emancipatória, enfatiza mais o processo de construção. É a configuração da singularidade e da particularidade da instituição educativa. Bicudo citado por Veiga afirma que a importância do projeto reside "no seu poder articulador, evitando que as diferentes atividades se anulem ou enfraqueçam a unidade da instituição". Inovação e projeto político-pedagógico estão articulados, integrando o processo com o produto porque o resultado final não é só um processo consolidado de inovação metodológica no interior de um projeto político-pedagógico construído, desenvolvido e avaliado coletivamente, mas é um produto inovador que provocará também rupturas epistemológicas. Não podemos separar processo de produto. Sob esta ótica, o projeto é um meio de engajamento coletivo para integrar ações dispersas, criar sinergias no sentido de buscar soluções alternativas para diferentes momentos do trabalho pedagógico-administrativo, desenvolver o sentimento de pertença, mobilizar os protagonistas para a explicitação de objetivos comuns definindo o norte das ações a serem desencadeadas, fortalecer a construção de uma coerência comum, mas indispensável, para que a ação coletiva produza seus efeitos. (VEIGA, 2003)

Atividade Aplicada: Prática

Consulte pela internet o documento do PPC de um curso superior. Procure por "projeto pedagógico de curso" em um *site* de busca ou escolha um dos *sites* a seguir com textos de PPC. Procure localizar no texto escolhido os principais componentes apresentados neste capítulo.

Universidade do Vale do Paraíba:
http://www.univap.br/faculdades/fcsa/pp_aen_2006.pdf

Universidade Federal de São Carlos:
http://www.prograd.ufscar.br/projetoped/projeto_pedagogia.pdf

Universidade Estadual de Campinas:
http://www.prg.unicamp.br/ccg/pdf/Proj_Pedag_Quimica.pdf

Centro Universitário Metodista Bennett:
http://www.metodistadorio.edu.br/novo/graduacao/direito/2005/pp_direito.pdf

Capítulo 4

A avaliação institucional da educação superior no país ganhou destaque na década de 1990 com a elaboração do Programa de Avaliação Institucional das Universidades Brasileiras (Paiub) e de lá para cá vem se desenvolvendo de forma a garantir a qualidade da educação. Em 2003 avançou de maneira significativa ao propor o Sistema Nacional de Avaliação da Educação Superior (Sinaes). É a partir das concepções contidas neste último documento que vamos aprofundar nossa compreensão sobre a avaliação institucional como instrumento de gestão.

Avaliação institucional como instrumento de gestão

4.1 O Sistema Nacional de Avaliação da Educação Superior (Sinaes)

Nesta seção vamos conhecer de maneira mais aprofundada o que propõe o Sinaes como política de educação superior e as implicações das concepções nele contidas para a gestão das IES com o objetivo de garantir a qualidade dos processos de formação de profissionais e cidadãos. Os conteúdos são baseados em estudos realizados pela Comissão Especial de Avaliação (CEA)*, presidida pelo Prof. Dr. José Dias Sobrinho.

* Maria Amélia Sabbag Zainko, uma das autoras desta obra, foi membro da Comissão Especial de Avaliação (CEA) responsável pela elaboração do Sinaes.

4.1.1 O Sinaes como política de educação superior

A Lei nº 9.394, de 20 de dezembro de 1996 – LDBEN, consolidou, como pilar essencial da educação superior, a necessidade dos processos de avaliação, seja no que diz respeito à orientação das diretrizes políticas visando à melhoria do ensino, o que quer dizer avaliar com vistas à qualidade, seja quanto à definição de ações de acreditação do sistema de ensino superior por parte dos órgãos competentes, ou seja, avaliar para supervisão (e controle).

No âmbito do ensino superior, a construção do Sinaes configura-se como elemento fundamental da proposta de mudanças que se impõem às IES contemporâneas.

A avaliação institucional compreendida como processo que ultrapassa amplamente as iniciativas fragmentadas e tópicas de avaliação que ocorrem todos os dias em uma IES, deve se constituir na grande impulsionadora das mudanças **do e no processo de formação de cidadãos e profissionais**, de tal sorte que se possam construir caminhos alternativos para a transformação da educação superior, tornando evidente o seu compromisso contemporâneo com um desenvolvimento social, ou seja, em prol de uma sociedade mais justa, mais solidária, mais harmônica, mais democrática e menos excludente.

Para tanto, a avaliação deve possibilitar às IES a construção de um projeto de desenvolvimento acadêmico sustentado por princípios como a democracia, a autonomia, a pertinência e a responsabilidade social.

4.1.2 O que é e o que faz o Sinaes

O Sinaes, instituído pela Lei nº 10.861, de 14 de abril de 2004, teve origem no trabalho da CEA, designada pelo ministro do Estado da Educação em 29 de abril de 2003, que produziu o documento intitulado *Sistema Nacional de Avaliação da Educação Superior (Sinaes)* (Cunha, 2003).

A nova proposta de avaliação tem como características principais: a ideia de avaliação institucional como o objeto central do sistema, o estabelecimento de uma concepção global como base para a integração de diversos instrumentos utilizados na avaliação e o respeito às características individuais de cada instituição (Instituto Latinoamericano de Educación para el Desarrollo, 2007).

O novo sistema abrange todas as IES em processo permanente: "amplia o campo da avaliação, quanto à temática, ao universo institucional, aos agentes e objetivos; por ser permanente e envolver toda a comunidade, cria e desenvolve a cultura de avaliação nas IES e no sistema" (Instituto Latinoamericano de Educación para el Desarrollo, 2007) de tal sorte que os atores sociais e educacionais participam como sujeitos e não só como objetos da avaliação e, portanto, sentem-se mais comprometidos com as transformações decorrentes da avaliação realizada.

O Sinaes busca articular a regulação e a avaliação para cumprir objetivos educativos e de emancipação:

> *a regulação, o controle, a supervisão se articulam com o processo de avaliação, autorregulação e emancipação; concilia e reequilibra as funções regulatórias e emancipatórias; [...] combina as orientações somativas, quantitativas e de produtos, com as orientações formativas, qualitativas e de processos; articula múltiplos instrumentos e metodologias, combinando os processos internos e externos.* (Instituto Latinoamericano de Educación para el Desarrollo, 2007)

4.1.3 Os princípios do Sinaes

O Sinaes tem como princípios:

~ a responsabilidade social com a qualidade da educação superior;
~ o reconhecimento da diversidade do sistema;
~ o respeito à identidade, à missão e à história das instituições;

~ a globalidade, isto é, a compreensão de que a instituição deve ser avaliada a partir de um conjunto significativo de indicadores de qualidade, vistos em sua relação orgânica e não de forma isolada;
~ a continuidade do processo avaliativo.

Com a colocação em prática do novo sistema, os diferentes setores do MEC, em especial a Secretaria de Educação Superior (SESu), a Secretaria de Educação Profissional e Tecnológica (Setec), a Secretaria de Educação a Distância (SEaD) e o Instituto Nacional de Estudos e Pesquisas Educacionais (Inep), passam a utilizar metodologias e instrumentos orientados por princípios e diretrizes comuns, propiciando coerência entre a concepção geral da avaliação e as políticas para a educação superior.

4.1.4 Os componentes do Sinaes

O sistema proposto pelo Sinaes tem três componentes principais:

~ a avaliação das instituições;
~ a avaliação dos cursos de graduação;
~ a avaliação do desempenho dos estudantes.

Essas avaliações devem ocorrer em momentos distintos e fazer uso de instrumentos próprios, articulados entre si, que abordam dimensões e indicadores específicos, com o objetivo de traçar um panorama da qualidade dos cursos e das instituições, fornecendo à sociedade informações sobre a educação superior no país.

O novo modelo tem como base a avaliação da **instituição**, contemplando dois momentos principais:

a. a **autoavaliação**, realizada pelas Comissões Próprias de Avaliação (CPAs);
b. a **avaliação externa**, realizada por uma comissão designada pelo Inep, segundo diretrizes estabelecidas pela Comissão Nacional de Avaliação da Educação Superior (Conaes).

Os resultados das avaliações previstas no Sinaes, além de subsidiar as ações internas de autogestão das IES, deverão servir para formar a base para a implementação de políticas educacionais públicas e de ações correspondentes no que se refere à regulação do sistema de educação superior.

4.1.5 O Sinaes e a reforma universitária

Toda avaliação, segundo Dias Sobrinho (2003a), tem um forte significado político e uma importante dimensão ética, e não apenas técnica. Ela sempre se produz num espaço social de valores e disputas de poder, que, aliás, constituem o centro das discussões públicas que a seu respeito se instauram. Para além dos problemas técnicos, são os sentidos éticos e políticos das concepções de educação superior e da própria sociedade que estão essencialmente em questão. Há de se reconhecer a força transformadora da avaliação, ou seja, seu papel central nas novas configurações desejadas para os sistemas de educação superior em conexão com as reformas da sociedade. Com essa visão, muitos países desenvolvidos criaram suas agências de avaliação vinculadas ao núcleo mais duro do poder. "A avaliação é um instrumento fundamental da reforma do Estado. Nenhum Estado moderno desenvolvido pode abrir mão da avaliação" (Dias Sobrinho, 2003b). Essa avaliação, entendida como mecanismo de regulação e controle, tem centralidade nas reformas da educação superior.

No Brasil não é diferente, e a avaliação institucional tal como proposta pelo Sinaes constitui-se em política pública e em um dos pilares da proposta de reforma universitária que se pretende e que vem sendo objeto de diálogo com a sociedade.

4.1.6 O Sinaes como perspectiva de futuro – o que se quer para a educação superior no país

A construção do Sinaes teve como núcleo essencial a integração. Tratava-se de assegurar, entre outros aspectos, a integração entre regulação e avaliação, IES e Estado,

> dimensões internas e externas, particular e global, somativo e formativo, quantitativo e qualitativo e os diversos [...] [itens e indicadores de] avaliação. O sistema de avaliação deve articular, de forma coerente, concepções, objetivos, metodologias, práticas, agentes da comunidade acadêmica e de instâncias do governo. Resguardadas as especificidades, os graus de autoridade e as responsabilidades de cada grupo de agentes, o sistema de avaliação é uma construção a ser assumida coletivamente, com funções de [regulação], informação para tomadas de decisão de caráter político, pedagógico e administrativo, melhoria institucional, autorregulação, emancipação, elevação da capacidade educativa e do cumprimento das demais funções públicas. (Brasil, 2003b, p. 82)

É também central no conceito desse sistema o critério da participação pelo qual todos os agentes da comunidade de educação superior, das instâncias institucionais e governamentais e os membros da sociedade são chamados a se envolverem nas ações avaliativas.

> Todas as instituições, independente de suas [...] [características] e natureza jurídica, e, idealmente, todos os membros da comunidade educativa – professores, estudantes, funcionários, ex-alunos e outros grupos sociais concernidos – devem se envolver, juntamente com os representantes do governo, nos processos avaliativos, realizando ações coletivamente legitimadas. (Brasil, 2003b, p. 82)

Portanto, há boas razões para acreditar que a proposta do Sinaes reafirma, de forma inequívoca, um pacto de qualidade, de avanço, de transparência e de aproximação da educação superior do papel que lhe cabe como parte do processo de formação do cidadão crítico, empreendedor e autônomo intelectualmente.

4.2 Avaliação institucional: autoavaliação e avaliação externa*

A avaliação, na sua versão institucional, tal como proposto pelo Sinaes, é a organizadora da coerência do processo avaliativo que se desenvolve nas IES. Envolvendo objeto, sujeitos e processos, a avaliação proposta tem: como **objeto** a análise das dimensões, das estruturas, das relações, das atividades, das funções e das finalidades de uma IES; como **sujeitos** os conjuntos de professores, estudantes, funcionários e membros da comunidade externa especialmente convidados ou designados; como **processos** avaliativos o autodiagnóstico e a avaliação externa resultantes de procedimentos institucionais que se utilizam da infraestrutura da própria instituição.

É por isso que, no Sinaes, a avaliação é sempre institucional, desenvolve-se como processo e tem como base tanto as análises internas quanto as externas.

Em suas diretrizes, o Sinaes enfatiza que, tanto na dimensão interna quanto na externa, devem ser incorporados as informações e os resultados de outros instrumentos, tais como o Censo da Educação Superior, o Cadastro das Instituições, a Avaliação das Condições de Ensino (ACE), o Exame Nacional de Desempenho (Enade), a avaliação feita pelas comissões da Setec e a Avaliação da Pós-Graduação, colocando-os numa perspectiva de globalidade.

* A seção 4.2 é baseada em BRASIL, 2004a, 2006.

A **autoavaliação** é o processo por meio do qual um curso ou uma instituição se autoconhece, analisando o que é e o que deseja ser. Por meio de processo interno de autoanálise, questões como o que foi realizado, como se dá a administração, quais as informações disponíveis para análise e interpretação, quais os pontos fortes e as fragilidades da instituição no seu todo, servem de base para a elaboração de relatório com a identificação de práticas exitosas, para serem divulgadas, e de equívocos, para poderem ser evitados no futuro.

As informações sistematizadas são submetidas a análise e interpretação, e são elas que permitem uma visão diagnóstica dos processos pedagógicos, científicos e sociais da instituição.

Conforme as diretrizes do Sinaes (Brasil, 2004a, p. 7), a autoavaliação é "um processo cíclico, criativo e renovador de análise, interpretação e síntese das dimensões que definem a Instituição". Isso porque é por meio dela que se torna possível uma reflexão sobre a instituição como um todo, o seu passado, o seu presente e as suas perspectivas de futuro.

Esse caráter diagnóstico e formativo de autoconhecimento institucional é que, de forma contínua e permanente, permite a análise processual dos objetivos e das metas estabelecidos no projeto político-institucional da IES e, como consequência desse movimento, o engajamento da comunidade acadêmica na construção de novas alternativas para a prática acadêmica.

É, pois, a prática da autoavaliação, desenvolvida como processo, que possibilita a construção ou a consolidação de uma cultura na qual a avaliação institucional tem papel primordial no envolvimento da comunidade interna, identificando essa avaliação com os sucessos e os fracassos da instituição.

Os resultados do processo de autoavaliação institucional traduzidos em um relatório consistente devem ser submetidos a um amplo debate interno e servir de base para a análise dos especialistas externos. Assim, como processo, a avaliação interna e a externa realizam-se de forma combinada e complementar.

A instituição tem papel importante no processo de sensibilização que antecede a avaliação, tanto para motivar a comunidade interna como para garantir o envolvimento da comunidade externa com seus processos avaliativos. Isso porque, se o olhar interno permite a autoconsciência, o olhar externo ajuda a corrigir eventuais erros de percepção produzidos pela adesão espontânea dos agentes internos, muitas vezes acostumados acriticamente às rotinas e mesmo aos interesses corporativos.

A **avaliação externa** aprofunda as análises inter-relacionando informações sistematizadas e organizadas de dados quantitativos e promovendo os cruzamentos com análises qualitativas e com juízos de valor emitidos sobre a qualidade das práticas e da produção teórica de toda a instituição que está sendo avaliada. Por isso, as avaliações interna e externa são processos interligados, elementos de um mesmo *continuum*, pois ambos permitem importantes reflexões sobre os grandes temas de política pedagógica, científica e tecnológica.

Realizada com o concurso de especialistas externos, a avaliação externa permite que alguém de fora auxilie, confirmando, negando, enfim, legitimando o processo de avaliação interna ocorrido. O objetivo principal é detectar, em sua forma global, os pontos fortes e as áreas preocupantes por meio do diálogo entre a comissão avaliadora e a IES, na perspectiva de essa comissão sugerir possíveis alternativas de ações para a melhoria da qualidade da instituição. O processo de avaliação externa é composto por duas etapas: 1) visita dos avaliadores à instituição e 2) elaboração do relatório de avaliação institucional (Brasil, 2006).

Na visita à instituição, após o exame do relatório de avaliação interna ou autoavaliação da instituição, os avaliadores complementam as informações examinando *in loco* o que dizem e o que pensam os dirigentes, os docentes, os discentes e os funcionários técnico-administrativos, com o objetivo de conhecer, em maior profundidade, como são desenvolvidas as atividades da IES.

A comissão, de posse dessas informações complementares, elabora o relatório de avaliação externa, que deve ter como base o relatório de autoavaliação, os documentos da instituição e as informações advindas dos diversos processos avaliativos. Complementam esses dados as consultas desenvolvidas pelo MEC, as entrevistas realizadas pela comissão e as demais tarefas desenvolvidas durante a visita.

Como resultado do processo de avaliação institucional temos então elementos importantes para subsidiar o debate público e o desenvolvimento de políticas internas da IES, bem como a implantação ou a manutenção de políticas públicas relacionadas à regulação do sistema de educação superior do país.

Síntese

As características fundamentais da nova proposta de avaliação configurada pelo Sinaes são: a avaliação institucional como o centro do sistema, a integração de diversos instrumentos com base em uma concepção global e o respeito à identidade e à diversidade institucionais, levando em conta a realidade concreta e a missão de cada IES, com instrumentos de avaliação que se adaptam a cada uma, sem deixar de considerar o que há de comum e universal na educação superior, bem como as diferenças entre as diversas áreas do conhecimento.

Com o objetivo de articular a regulação e a emancipação para cumprir objetivos educativos, o Sinaes guarda como marcas essenciais, entre outras, as seguintes características: justiça, rigor, efetividade, integração, globalidade, participação, eficácia formativa, efetividade social, flexibilidade, credibilidade, legitimidade, institucionalidade, continuidade, respeito à identidade institucional, sistematização.

O sistema proposto pelo Sinaes tem três componentes principais:

a avaliação das instituições, a avaliação dos cursos de graduação e a avaliação do desempenho dos estudantes, as quais devem ocorrer em momentos distintos e fazer uso de instrumentos próprios, articulados entre si, que abordam dimensões e indicadores específicos, com o objetivo de traçar um panorama da qualidade dos cursos e das instituições, fornecendo à sociedade informações sobre a educação superior no país.

A avaliação institucional, tal como proposta pelo Sinaes, constitui-se em política pública e em um dos pilares da proposta de reforma universitária que se pretende e que vem sendo objeto de diálogo com a sociedade.

Há boas razões para acreditar que a proposta do Sinaes reafirma, de forma inequívoca, um pacto de qualidade, de avanço, de transparência e de aproximação da educação superior do papel que lhe cabe como parte do processo de formação do cidadão crítico, empreendedor e autônomo intelectualmente.

Atividades de Autoavaliação

1. Assinale como verdadeiras (V) ou falsas (F) as afirmativas a seguir:
    ( ) O Sinaes tem três componentes principais: a avaliação das instituições, a avaliação dos docentes e a avaliação do desempenho da comunidade.
    ( ) As características fundamentais da proposta de avaliação do Sinaes são: a avaliação institucional como o centro do sistema, a integração de diversos instrumentos com base em uma concepção global e o respeito à identidade e à diversidade institucionais.
    ( ) A avaliação da instituição tem dois momentos principais: a autoavaliação e a avaliação externa.
    ( ) A avaliação institucional, baseada na autoavaliação, tem como finalidade a premiação da instituição.

2. Assinale a opção correta:
   a) O Sinaes articula a regulação e a emancipação, para cumprir objetivos educativos.
   b) A proposta do Sinaes reafirma, de forma inequívoca, um pacto de qualidade, baseado em aspectos quantitativos.
   c) O Sinaes tem como princípios: a qualidade da educação superior, o reconhecimento da diversidade das instituições e o respeito à identidade, à missão e à história do sistema.
   d) O Sinaes reproduz a proposta das avaliações anteriores.

3. Assinale como verdadeiras (V) ou falsas (F) as afirmativas a seguir:
   ( ) O Sinaes é um exame de avaliação das instituições.
   ( ) As características da proposta de avaliação do Sinaes são: o rigor científico, a justiça social e a prevalência do quantitativo sobre o qualitativo.
   ( ) A avaliação da instituição tem duas etapas interligadas: a autoavaliação e a avaliação externa.
   ( ) O Sinaes articula a legislação e a avaliação.

4. Reflita e assinale as afirmativas a seguir como verdadeiras (V) ou falsas (F):
   ( ) A proposta de avaliação institucional do Sinaes tem por base os aspectos quantitativos.
   ( ) O Sinaes é desenvolvido com a participação de especialistas.
   ( ) A avaliação externa se desenvolve a partir de um olhar externo sobre a autoanálise institucional.
   ( ) A autoavaliação é um processo de autoconsciência institucional.

5. Reflita e assinale as afirmativas a seguir como verdadeiras (V) ou falsas (F):

( ) A autoavaliação é um processo cíclico, criativo e renovador, de análise e síntese das dimensões que definem a instituição.

( ) A avaliação institucional é constituída basicamente pelo processo de autoavaliação, que se completa com a avaliação externa.

( ) O processo de avaliação externa é composto por duas etapas: 1) visita dos avaliadores à instituição e 2) elaboração do relatório de avaliação institucional.

( ) As ações combinadas de avaliação interna e externa são processos importantes de discussão e reflexão com respeito aos grandes temas de política pedagógica, científica e tecnológica.

Atividades de Aprendizagem

Questões para Reflexão

1. Leia o Capítulo 4 e reflita sobre o papel da avaliação. Registre suas impressões.

2. Discuta com seus colegas as principais mudanças propostas pelo Sinaes. Registre os resultados da discussão.

3. Reflita sobre a proposta de avaliação institucional como instrumento auxiliar na tomada de decisões dos gestores educacionais.

4. Acesse na internet o *site* <http://portal.mec.gov.br/arquivos/pdf/leisinaes.pdf> referente à Lei nº 10.861/2004, que instituiu o Sinaes, e o *site* <http://www.planalto.gov.br/ccivil/leis/L9131.htm> referente à Lei nº 9.131/1995, que instituiu o Exame Nacional de Cursos, conhecido como *Provão*. Procure identificar as diferenças entre os processos avaliativos propostos.

Atividade Aplicada: Prática

Faça uma consulta ao *site* <http://portal.mec.gov.br>. No lado esquerdo da página, busque em "Autarquias" o *link* "CONAES" e acesse "Princípios e Atribuições". Reflita sobre as atribuições desse órgão colegiado e sobre a avaliação ali proposta. Registre suas impressões.

Considerações finais

Ao longo deste livro, você pôde constatar a relevância da gestão democrática para o alcance e a consolidação de um processo educacional que atenda às expectativas e às demandas por uma educação de qualidade.

Com base em um novo paradigma, a gestão democrática requer uma nova visão por parte de gestores e professores, representando um desafio na sua formação e no seu exercício profissional. Formação e desempenho profissionais que devem conduzir à reflexão teórica e ao compromisso de apresentar respostas às questões que emergem da prática da gestão escolar, integrando, dessa forma, a teoria e a prática, em um movimento de ação-reflexão-ação, e possibilitando o levantamento de novas questões que serão objeto de novas análises e reflexões posteriores.

A gestão educacional se destaca como um dos principais eixos no contexto das reformas educacionais da América Latina, conforme registram as várias declarações decorrentes dos debates promovidos no continente sul-americano. Evidencia-se, assim, a premência da passagem do modelo de gestão centralizada para o de gestão democrática, proporcionando a melhoria dos serviços educacionais. A ênfase no protagonismo dos integrantes da comunidade escolar encontra no planejamento estratégico um instrumento capaz de promover a participação de todos na busca de uma educação de qualidade.

No caso da educação brasileira, e mais especificamente no ensino superior, tanto o planejamento como a avaliação institucional encontram-se imbuídos oficialmente da responsabilidade de responder ao desafio de um novo modelo de gestão educacional, que se pretende participativa, ao menos teoricamente. Você teve a oportunidade de verificar no decorrer do texto que o PDI, bem como o PPI e o PPC são concebidos como instrumentos essenciais para a reflexão coletiva e a gestão das IES. Cabe a elas a sua elaboração e implementação de modo a corresponder não apenas às exigências dos órgãos do sistema federal de ensino, mas, sobretudo, às expectativas da própria comunidade institucional e da sociedade em que estão inseridas.

A avaliação institucional, configurada pelo Sinaes, representa ao lado do planejamento um papel relevante na política educacional do ensino superior. Concebido de modo a respeitar a identidade e a diversidade institucionais, o Sinaes possibilita às IES o desenvolvimento de ações avaliativas em que se destacam as características, entre outras, de participação, integração, continuidade e flexibilidade, elementos cruciais em um processo de gestão democrática.

Nos quatro capítulos aqui apresentados, você encontrou elementos suficientes para compreender os desafios atuais da gestão das instituições de ensino superior, bem como as implicações para a sua ação docente. O desenvolvimento das atividades propostas implica sempre reflexão e colocação da criatividade e da imaginação a serviço de uma gestão democrática, que tem como principal inovação o trabalho coletivo, o aprender a "fazer junto".

Referências

ANASTASIOU, L. das G. C. Docência na educação superior. In: RISTOFF, D.; SEVEGNANI, P. (Org.). **Docência na educação superior**. Brasília: Instituto Nacional de Estudos e Pesquisas Educacionais Anísio Teixeira, 2006. p. 147-155. (Coleção Educação Superior em Debate, v. 5). Disponível em: <http://www.publicacoes.inep.gov.br/arquivos/ {928C27BC-D549-4EC3-8F69-2723A87A0E7E}_Volume%205.pdf>. Acesso em: 30 jun. 2007.

ARGENTINA. Ministerio de Educación. CONEAU – Comisión Nacional de Evaluación y Acreditación Universitaria. **Lineamentos para la evaluación institucional**. Buenos Aires: ME/Coneau, 1997.

BRASIL. Constituição da República Federativa do Brasil de 1988. **Diário Oficial da União**, Poder Legislativo, Brasília, DF, 5 out. 1988. Disponível em: <http://www.planalto.gov.br/ccivil_03/Constituicao/Constitui%C3%A7ao.htm>. Acesso em: 28 fev. 2008.

BRASIL. Decreto n° 3.860, de 9 de julho de 2001. **Diário Oficial União**, Poder Executivo, Brasília, DF, 10 jul. 2001. Disponível em: <http://www.planalto.gov.br/ccivil_03/Decreto/2001/D3860.htm>. Acesso em: 13 nov. 2007.

_____. Decreto n° 5.622, de 19 de dezembro de 2005. **Diário Oficial da União**, Poder Executivo, Brasília, DF, 20 dez. 2005. Disponível em: <http://www.planalto.gov.br/CCIVIL/_Ato2004-2006/2005/Decreto/D5622.htm>. Acesso em: 14 maio 2008.

_____. Decreto n° 5.773, de 9 de maio de 2006. **Diário Oficial da União**, Poder Executivo, Brasília, DF, 10 maio 2006. Disponível em: <http://www.planalto.gov.br/CCIVIL/_Ato2004-2006/2006/Decreto/D5773.htm>. Acesso em: 9 jun. 2007.

_____. Lei n° 9.131, de 24 de novembro de 1995. **Diário Oficial da União**, Poder Legislativo, Brasília, DF, 25 nov. 1995. Disponível em: <http://www.planalto.gov.br/ccivil_03/Leis/L9131.htm>. Acesso em: 20 maio 2008.

_____. Lei n° 9.394, de 20 de dezembro de 1996. **Diário Oficial da União**, Poder Legislativo, Brasília, DF, 23 dez. 1996. Disponível em: <http://www.planalto.gov.br/ccivil/LEIS/L9394.htm>. Acesso em: 13 nov. 2007.

_____. Lei n° 10.861, de 14 de abril de 2004. **Diário Oficial da União**, Poder Legislativo, Brasília, DF, 15 abr. 2004. Disponível em: <http://www.planalto.gov.br/ccivil/_Ato2004-2006/2004/Lei/L10.861.htm>. Acesso em: 13 nov. 2007.

BRASIL. Ministério da Educação. Comissão Nacional de Avaliação. Secretaria de Educação Superior. **Documento Básico**. Avaliação das Universidades Brasileiras: uma proposta nacional. Brasília: MEC/SESu, 26 nov. 1993. Disponível em: <http://portal.mec.gov.br/sesu/arquivos/pdf/docbas.pdf>. Acesso em: 28 fev. 2008.

BRASIL. Ministério da Educação. Comissão Nacional de Avaliação da Educação Superior. Instituto Nacional de Estudos e Pesquisas Educacionais Anísio Teixeira. **Avaliação Externa de Instituições de Educação Superior**: diretrizes e instrumento. Brasília: MEC/Conaes/Inep, fev. 2006. Disponível em: <http://portal.mec.gov.br/conaes/arquivos/pdf/instrumento%20aie-%2020%20fevereiro%20 20061.pdf>. Acesso em: 28 fev. 2008.

BRASIL. Ministério da Educação. Conselho Nacional de Educação. Câmara de Educação Superior. Parecer n° 67, de 11 de março de 2003. Disponível em: <http://portal.mec.gov.br/cne/arquivos/pdf/CES0067.pdf>. Acesso em: 18 dez. 2007.

_____. Parecer n° 776, de 3 de dezembro de 1997. Disponível em: <http://portal.mec.gov.br/setec/arquivos/pdf/PCNE776_97.pdf>. Acesso em: 28 fev. 2008.

_____. Parecer n° 1.366, de 12 de dezembro de 2001. Disponível em: <http://portal.mec.gov.br/cne/arquivos/pdf/pces1366_01.pdf>. Acesso em: 3 dez. 2007.

_____. Resolução n° 10, de 11 de março de 2002. **Diário Oficial da União**, Brasília, DF, 26 mar. 2002. Seção 1, p. 13-15. Disponível em: <http://www2.mec.gov.br/sapiens/ftp/CES102002.doc>. Acesso em: 13 nov. 2007.

BRASIL. Ministério da Educação. Conselho Nacional de Educação. Câmara de Educação Superior. Resolução n° 11, de 10 de julho de 2006. **Diário Oficial da União**, Brasília, DF, 12 jul. 2006. Seção 1, p. 36. Disponível em: <http://portal.mec.gov.br/cne/arquivos/pdf/rces11_06.pdf>. Acesso em: 10 dez. 2007.

BRASIL. Ministério da Educação. Instituto Nacional de Estudos e Pesquisas Educacionais Anísio Teixeira. CONAES – Comissão Nacional de Avaliação da Educação Superior. SINAES – Sistema Nacional de Avaliação da Educação Superior. **Orientações gerais para o roteiro da autoavaliação das instituições**. Brasília: MEC/Inep/Conaes/Sinaes, 2004a. Disponível em: <http://www.inep.gov.br/download/superior/sinaes/orientacoes_sinaes.pdf>. Acesso em: 20 maio 2008.

BRASIL. Ministério da Educação. Instituto Nacional de Estudos e Pesquisas Educacionais Anísio Teixeira. Diretoria de Estatísticas e Avaliação da Educação Superior. **Censo da Educação Superior 2002**. Brasília: MEC/Inep/Deaes, 2003a. Relatório Técnico.

_____. SINAES – Sistema Nacional de Avaliação da Educação Superior: bases para uma nova proposta de avaliação da educação superior. Brasília: MEC/Inep, set. 2003b. Disponível em: <http://www.bve.inep.gov.br/download/superior/2003/sinaes/sinaes.pdf>. Acesso em: 3 dez. 2007.

_____. **SINAES** – Sistema Nacional de Avaliação da Educação Superior: da concepção à regulamentação. 2. ed. ampl. Brasília: MEC/Inep, set. 2004b. Disponível em: <http://portal.mec.gov.br/conaes/arquivos/pdf/sinaes_355.pdf >. Acesso em: 9 jun. 2007.

BRASIL. Ministério da Educação. Secretaria de Educação Superior. Secretaria de Educação Profissional e Tecnológica. Sistema de Acompanhamento de Processos das Instituições de Ensino Superior – Sapiens/MEC. **Plano de Desenvolvimento Institucional** – PDI. Diretrizes para Elaboração. Brasília, 2004c. Disponível em: <http://www.dee.ufcg.edu.br/dee/arquivos/Diretrizes.PDI.pdf>. Acesso em: 28 fev. 2008.

BRASIL. Ministério da Educação. Sistema de Acompanhamento de Processos das Instituições de Ensino Superior. **Instruções para Elaboração de Plano de Desenvolvimento Institucional.** Disponível em: <http://www2.mec.gov.br/sapiens/pdi.html>. Acesso em: 9 jun. 2007a.

_____. **Orientações gerais.** Disponível em: <http://www2.mec.gov.br/sapiens/>. Acesso em: 17 dez. 2007b.

BRASIL. Ministério da Educação. Universidade Federal de Mato Grosso. **PDI**: aspectos teóricos e metodológicos. Cuiabá. Disponível em: <http://www.ufmt.br/pdi/word/PDI_III_Aspectos_Teoricos_e_Metodologicos.pdf>. Acesso em: 28 fev. 2008.

BRASIL. Serviço Público Federal. Ministério da Educação. Escola Superior de Agricultura de Mossoró – Esam. **Plano de Desenvolvimento Institucional** – PDI 2004-2008. Mossoró, out. 2004d. Disponível em: <http://www.esam.br/pdi.pdf>. Acesso em: 28 fev. 2008.

BUARQUE, C. **A universidade numa encruzilhada.** Brasília: Unesco/MEC, 2003.

CABRAL NETO, A.; CASTRO, A. M. D. A. Reflexões sobre os atuais cenários da política educacional na América Latina. **O Público e o Privado**, Fortaleza, v. 5, p. 7-23, 2005.

COELHO, I. M. Ensino de graduação e currículo. **Revista Universidade e Sociedade**, Campinas, ano 3, n. 5, p. 64-72, jul. 1993.

CONFERÊNCIA MUNDIAL SOBRE EDUCAÇÃO SUPERIOR. Tendências da educação superior para o século XXI, 1999, Brasília. **Anais**... Brasília: Unesco, 1999.

CONSEIL NATIONAL DE L'ÉVALUATION. **L'Évaluation au service de l'avenir**. Rapport annuel 1999. Paris: La Documentation française, 2000. Disponível em: <http://lesrapports.ladocomentationfrancaise.fr/BRP/004001826/0000.pdf>. Acesso em: 20 maio 2008.

CUNHA, M. I. da. et al. **Projeto SINAES** – avaliação da educação superior. Brasília: MEC/SESu, abr. 2003. mimeografado.

CURY, C. R. J. O Conselho Nacional de Educação e a gestão democrática. In: OLIVEIRA, D. A. (Org.). **Gestão democrática da educação**: desafios contemporâneos. 6. ed. Petrópolis: Vozes, 2005a. p. 199-206.

_____. Gestão democrática dos sistemas públicos de ensino. In: OLIVEIRA, M. A. M. (Org.). **Gestão educacional**: novos olhares, novas abordagens. Petrópolis: Vozes, 2005b. p. 15-21.

_____. Reforma Universitária na nova Lei de Diretrizes e Bases da Educação Nacional? **Cadernos de Pesquisa**, São Paulo, n. 101, p. 3-19, jul. 1997.

DIAS SOBRINHO, J. **Avaliação**: políticas educacionais e reformas da educação superior. São Paulo: Cortez, 2003a.

DIAS SOBRINHO, J. **Avaliação da educação superior**. Petrópolis: Vozes, 2000.

_____. Políticas de avaliação, reformas do Estado e da educação superior superior. In: ZAINKO, M. A. S.; GISI, M. L. (Org.). **Políticas e gestão da educação superior**. Curitiba: Champagnat; Florianópolis: Insular, 2003b. p. 61-90. (Coleção Educação: Gestão e Política, 2).

_____. Tendências internacionais na educação superior. Um certo horizonte internacional: problemas globais, respostas nacionais. In: ZAINKO, M. A. S.; GISI, M. L. (Org.). **Políticas e gestão da educação superior**. Curitiba: Champagnat; Florianópolis: Insular, 2003c. p. 161-194. (Coleção Educação: Gestão e Política, 2).

DIAS SOBRINHO, J.; RISTOFF, D. I. (Org.). **Avaliação democrática**: para uma universidade cidadã. Florianópolis: Insular, 2002.

DORNELLES, S. B.; DELLAGNELO, E. H. L. **Autogestão e racionalidade substantiva**: a Bruscor – Ind. e Comércio de Cordas e Cadarços Ltda. em análise. Disponível em: <http://anpad.org.br/enanpad/2003/dwn/enanpad2003-teo-0972.pdf>. Acesso em: 9 jun. 2007.

EYNG, A. M.; GISI, M. L. (Org.). **Políticas e gestão da educação superios**: desafios e perspectivas. Ijuí: Ed. da Unijuí, 2007.

FACULDADE FÊNIX. Disponível em: <http://www.faculdadefenix.com.br/institucional/apresentacao.aspx>. Acesso em: 18 dez. 2007.

FERREIRA, A. B. H. **Novo dicionário da língua portuguesa**. Rio de Janeiro: Nova Fronteira, 1975.

FÓRUM DE PRÓ-REITORES DE GRADUAÇÃO DAS UNIVERSIDADES BRASILEIRAS. **Concepções e implementação da flexibilização curricular.** 2003. Disponível em: <http://www.forgrad.org.br/arquivo/documento_conc_e_impl_flex_curricular.doc>. Acesso em: 30 jun. 2007.

_____. **Diretrizes curriculares para os cursos de graduação.** 2000. Disponível em: <http://portal.mec.gov.br/sesu/arquivos/pdf/DocDiretoria.pdf>. Acesso em: 12 maio 2008.

_____. **Do pessimismo da razão para o otimismo da vontade**: referências para a construção dos projetos pedagógicos nas IES brasileiras. 1999a. Disponível em: <http://www.forgrad.org.br/pages/arquivo/referencia_p_constr_proj_ped_ies.zip>. Acesso em: 30 jun. 2007.

_____. **Plano Nacional de Graduação**: um projeto em construção. 1999b. Disponível em: <http://www.forgrad.org.br/pages/publicacoes.htm>. Acesso em: 19 maio 2008.

GADOTTI, M. **Dimensão política do projeto pedagógico na escola.** Projeto Pedagógico. Escola Sagarana. 2000. Disponível em: <http://www.paulofreire.org/Moacir_Gadotti/Artigos/Portugues/Escola_Cidada/Projeto_ped_Esc_Sagarana_2000.pdf>. Acesso em: 30 jun. 2007.

_____. **O projeto político-pedagógico da escola na perspectiva de uma educação para a cidadania.** 1998. Disponível em: <http://www.paulofreire.org/Moacir_Gadotti/Artigos/Português/Escola_Cidada/Projeto_Politico_Ped_1998.pdf>. Acesso em: 30 jun. 2007.

GAJARDO, M. **Reformas educativas en América Latina**: balance de una década. Programa de Promoción de la Reforma Educativa em América Latina y el Caribe, Santiago do Chile, n. 15, set. 1999. Disponível em: <http://www.preal.org./Archivos/Bajar. asp?Carpeta=PrealPublicaciones/prealDocumentos/&Archivo= gajardodo15español.pdf>. Acesso em: 28 fev. 2008.

GARAY, L. A questão institucional da educação e as escolas: conceitos e reflexões. In: BUTELMAN, I. (Org.). **Pensando as instituições**: teorias e práticas em educação. Porto Alegre: Artes Médicas, 1998. p. 109-136.

GOERGEN, P. L. A avaliação universitária na perspectiva da pós-modernidade. **Revista Avaliação**, Campinas, v. 2, ano 2, n. 3(5), p. 53-65, set. 1997.

INSTITUTO LATINOAMERICANO DE EDUCACIÓN PARA EL DESARROLLO. **Nuevo sistema nacional de evaluación de la educación superior en Brasil**: resumo executivo. Disponível em: <http://www.ilaedes. org/noticias/sinaes.pdf>. Acesso em: 17 dez. 2007.

LIBÂNEO, J. C. **Organização e gestão da escola**: teoria e prática. 5. ed. Goiânia: Alternativa, 2004.

LIBÂNEO, J. C.; OLIVEIRA, J. F. de; TOSCHI, M. S. **Educação escolar**: políticas, estrutura e organização. São Paulo: Cortez, 2003. (Coleção Docência em formação).

LIMA, L. C. Modernização, racionalização e optimização: perspectivas neotaylorianas na administração da educação. In:_____. **A escola como organização educativa**: uma abordagem sociológica. São Paulo: Cortez, 2001. Cap. 4.

LUCK, H. **Concepções e processos democráticos de gestão educacional**. Petrópolis: Vozes, 2006.

NÓVOA, A. Para uma análise das instituições escolares. In: _____. **As organizações escolares em análise**. Lisboa: Publicações Dom Quixote, 1992. p. 15-41.

RISTOFF, D. Algumas definições de avaliação. In: DIAS SOBRINHO, J.; RISTOFF, D. I. (Org.). **Avaliação e compromisso público**. A educação superior em debate. Florianópolis: Insular, 2003. p. 21-34.

SALGADO, M. U. C. Referenciais curriculares. **Boletim Salto para o Futuro**: publicação do MEC/Seed/TV Escola, Brasília, maio 2004. Disponível em: <http://www.tvebrasil.com.br/salto/boletins2004/rc/meio.htm>. Acesso em: 3 dez. 2007.

SGUISSARDI, V. Reforma universitária no Brasil – 1995-2006: precária trajetória e incerto futuro. **Educação e Sociedade**, Campinas, v. 27, n. 96, p. 1021-1056, out. 2006. Disponível em: <http://www.scielo.br/scielo.php?script=sci_arttext&pid=S0101-73302006000300018&lng=pt&nrm=iso>. Acesso em: 8 jul. 2007.

SHEEN, M. R. Reflexões sobre a experiência de construção do projeto institucional: avanços e recuos. **Revista Estudos**, Brasília, v. 1, n. 24, p. 55-74, 1999. Disponível em: <http://www.abmes.org.br/Publicacoes/Revista_Estudos/estud24/MariaCoimbra.htm>. Acesso em: 30 jun. 2007.

UNESCO. **Declaración de Cochabamba y recomendaciones sobre politicas educativas al inicio del siglo XXI**. marzo 2001. Disponível em: <http://www.unesco.cl/medios/biblioteca/documentos/promedlac_declaracion_recomendaciones_cochabamba_esp.pdf >. Acesso em: 28 fev. 2008.

UNESCO. **Declaración de La Habana.** La Habana, nov. 2002a. Disponível em: <http://www.unesco.cl/medios/biblioteca/documentos/prelac_declaracion_habana_esp.pdf>. Acesso em: 18 nov. 2007.

_____. Declaración de Quito. **Boletín Proyecto Principal de Educación,** n. 24, p. 44-49, abr. 1991. Disponível em: <http://www.unesco.cl/medios/biblioteca/documentos/promedlac_declaracion_quito_1991.pdf>. Acesso em: 28 fev. 2008.

_____. Declaración de Santiago. **Boletín Proyecto Principal de Educación,** n. 31, p. 41-42, agosto 1993. Disponível em: <http://www.unesco.cl/medios/biblioteca/documentos/promedlac_declaracion_santiago_esp_1993.pdf>. Acesso em: 28 fev. 2008.

_____. Educación, democracia, paz y desarrollo. Recomendación de Minedlac VII. **Boletín Proyecto Principal de Educación,** n. 40, p. 5-15, agosto 1996. Disponível em: <http://www.unesco.cl/medios/biblioteca/documentos/promedlac_minedlac_declaracion_recomedacion_kingston_1996.pdf>. Acesso em: 28 fev. 2008.

_____. **Informe Final de la Primera Reunión Intergubernamental del Proyecto Regional de Educación para América Latina y el Caribe.** La Habana, nov. 2002b. Disponível em: <http://www.unesco.cl/medios/biblioteca/documentos/prelac_informe_final_habana_esp.pdf>. Acesso em: 28 fev. 2008.

VEIGA, I. P. A. Inovações e projeto político-pedagógico: uma relação regulatória ou emancipatória? **Cadernos Cedes,** Campinas, v. 23, n. 61, dez. 2003. Disponível em: <http://www.scielo.br/scielo.php?pid=S010132622003006100002&script=sci_arttext>. Acesso em: 12 maio 2008.

VEIGA, I. P. A. Projeto político-pedagógico da escola: uma construção coletiva. In: _____. (Org.). **Projeto político-pedagógico da escola:** uma construção possível. Campinas: Papirus, 1995. p. 11-52.

ZAINKO, M. A. S. Dos saberes às competências: o desafio da construção da proposta pedagógica da escola. **Revista Avaliação**, Campinas, v. 6, ano 6, n. 4, p. 87-96, dez. 2001.

_____. Educação superior, democracia e desenvolvimento humano sustentável. In: ZAINKO, M. A. S.; GISI, M. L. (Org.). **Políticas e gestão da educação superior.** Florianópolis: Insular; Curitiba: Champagnat, 2003. p. 45-60.

ZAINKO, M. A. S.; COSTA, M. J. J. Avaliação para qual universidade? **Revista Avaliação**, Campinas, v. 9, ano 9, n. 1, p. 125-140, mar. 2004.

ZAINKO, M. A. S; GISI, M. L. (Org.). **Políticas e gestão da educação superior.** Florianópolis: Insular; Curitiba: Champagnat, 2003.

Bibliografia comentada

Zainko, M. A. S; Gisi, M. L. Políticas e gestão da educação superior. Florianópolis: Insular; Curitiba: Champagnat, 2003.

> *O livro traz uma visão de política da educação superior calcada em visões, tendências, compromissos e desafios. Associa políticas públicas, políticas de avaliação, planejamento e gestão da educação superior. As questões formuladas em cada um dos textos, mais do que um convite à reflexão, representam uma oportunidade ímpar de pensar a universidade contemporânea no seu movimento de construção-reconstrução.*

EYNG, A. M.; GISI, M. L. (Org.). **Políticas e gestão da educação superior**: desafios e perspectivas. Ijuí: Ed. da Unijuí, 2007.

A obra dirige-se aos interessados em compreender o movimento de construção, instituição e avaliação das políticas educacionais. Analisa a gestão educacional estudando as mudanças ocorridas na sociedade contemporânea e os desafios impostos às IES num contexto em permanente mudança, no qual as políticas e os processos de planejamento e avaliação institucional adquirem centralidade nas discussões.

VEIGA, I. P. A.; FONSECA, M. **As dimensões do projeto político-pedagógico**. 2. ed. Campinas: Papirus, 2003.

Os textos que compõem esse livro procuram dar conta de algumas dimensões do projeto político-pedagógico e também de questões teóricas e práticas que orientam a reflexão sobre a escola, tomando como base as atuais políticas públicas. São contempladas as seguintes dimensões: o projeto político-pedagógico no contexto das políticas educacionais; os territórios de intervenção da comunidade, da família e da escola; os desafios dos paradigmas curriculares e avaliativos; a construção das identidades dos sujeitos do processo educativo.

VEIGA, I. P. A. **Educação básica e educação superior**: projeto político-pedagógico. Campinas: Papirus, 2004.

A obra compõe-se de duas partes: uma reflexão sobre a educação básica e seu projeto político-pedagógico e uma discussão sobre o ensino superior e as características do seu projeto político-pedagógico específico. O objetivo do livro é oferecer a professores, pesquisadores, profissionais da educação e alunos dos cursos de formação inicial e continuada de docentes uma fundamentação teórico-metodológica para orientar a construção, o desenvolvimento e a avaliação de projetos político-pedagógicos institucionais e de cursos.

LIBÂNEO, J. C.; OLIVEIRA, J. F. de; TOSCHI, M. S. **Educação escolar**: políticas, estrutura e organização. São Paulo: Cortez, 2003. (Coleção Docência em Formação).

O livro apresenta uma análise dos aspectos sociopolíticos, históricos, legais, pedagógico-curriculares e de organização e gestão da escola. Possibilita uma visão crítica dos contextos escolares e proporciona a professores e gestores dos sistemas de ensino e das escolas o acesso a bases conceituais para a compreensão da estrutura e do funcionamento das instituições educacionais.

DIAS SOBRINHO, J. **Avaliação da educação superior**. Petrópolis: Vozes, 2000.

A obra aborda a avaliação como um empreendimento coletivo – protagonizado pelos agentes universitários – de conhecimento, interpretação e compreensão de tudo o que constitui a instituição de educação superior, com o objetivo de produzir uma qualidade cada vez melhor e socialmente mais significativa.

BRASIL. Ministério da Educação. Instituto Nacional de Estudos e Pesquisas Educacionais Anísio Teixeira. **SINAES** – Sistema Nacional de Avaliação da Educação Superior. Brasília: CEA, set. 2003. Relatório Técnico.

Esse texto traduz os resultados da proposta elaborada pela Comissão Especial de Avaliação (CEA) como as bases para uma nova proposta de avaliação da educação superior. A partir de um diagnóstico do marco legal e dos procedimentos de verificação e avaliação da educação superior, propõe o Sinaes como uma nova política de avaliação da educação superior.

PADILHA, P. R. **Planejamento dialógico**: como construir o projeto político-pedagógico. 3. ed. São Paulo: Cortez, 2002. (Guia da Escola Cidadã – Instituto Paulo Freire, v. 7).

O livro mostra que, na educação, o planejamento não pode ser dissociado da construção do projeto político-pedagógico. Fornece uma estrutura básica do planejamento, dos passos necessários a serem dados do referencial à proposta, e desta à ação. Demonstra que o planejamento centrado na instituição escolar é o oposto do planejamento tecnocrático e que é o coletivo que opera as mudanças e implementa as diretrizes institucionais.

GANDIN, D. **A prática do planejamento participativo**. Petrópolis: Vozes, 1994.

Partindo do pressuposto de que os livros de planejamento mais criticam do que mostram como planejar, o enfoque desse livro é precisamente o de contribuir para sanar essa falha. Propõe e fundamenta um conjunto metodológico que torne possível a utilização de um instrumento de aproximação da realidade para compreendê-la, organizá-la e transformá-la. Para isso, o planejamento deve estar fundamentado em método e ter caráter participativo.

Gabarito

Capítulo 1

Atividades de Autoavaliação

1. V, V, F, F
2. V, F, V, V
3. a
4. a, d
5. a, b, c, d

Capítulo 2

Atividades de Autoavaliação

1. F, F, V, V
2. b
3. F, V, V, F
4. d
5. a

Atividades de Aprendizagem

Questões para Reflexão

1. Destaque dos pontos considerados mais importantes na leitura proposta:
    a. O planejamento não pode ser entendido como atividade burocrática, mas é de responsabilidade de todos.
    b. Deve ter por base o modelo participativo.
    c. Envolve diversas fases interligadas e integradas.
    d. É uma ferramenta de trabalho utilizada para tomar decisões e organizar as ações de forma lógica e racional. Incorpora e combina uma dimensão técnica e política.
    e. Essa concepção de planejamento requer uma reformulação dos processos de definição de prioridades institucionais e requer também uma estrutura de participação e mobilização da sociedade para a tomada de decisão.
2. a. Valores: reflexão crítica, solidariedade, justiça, democracia. Finalidades: produzir, sistematizar e socializar o saber científico e tecnológico; ampliar e aprimorar a formação do capital humano; contribuir para o desenvolvimento municipal, estadual e nacional.

b. Valores: liberdade, conscientização, participação, responsabilidade, espírito crítico, criatividade. Finalidades: formação, desenvolvimento e preparo de profissionais e cidadãos; aprimoramento da sociedade.

Capítulo 3

Atividades de Autoavaliação

1. F, V, F, F
2. c
3. d
4. F, V, V, F
5. a

Atividades de Aprendizagem

Questões para Reflexão

1. Destaque dos pontos principais da leitura proposta:
   a. Autonomia e participação precisam estar presentes em todas as atividades escolares.
   b. A gestão democrática deve estar impregnada por uma certa atmosfera que se respira na escola.
   c. A gestão democrática é, portanto, atitude e método.
   d. O projeto político-pedagógico apoia-se em consciência crítica, envolvimento, autonomia, responsabilidade, criatividade e ousadia.
2. Identificação das ideias principais da leitura proposta:
   a. O projeto político-pedagógico é a configuração da singularidade e da particularidade da instituição educativa.
   b. A importância do projeto reside no seu poder articulador.

c. Inovação e projeto político-pedagógico estão articulados, integrando o processo com o produto.
d. Não podemos separar processo de produto.
e. O projeto é um meio de engajamento coletivo para integrar, criar, desenvolver, mobilizar e fortalecer.

Capítulo 4

Atividades de Autoavaliação

1. F, V, V, F
2. a
3. F, F, V, F
4. F, V, V, V
5. V, V, V, F

Nota sobre as autoras

Maria Amélia Sabbag Zainko é doutora em Ensino na Educação Brasileira pela Universidade Estadual Paulista. Atualmente é professora/pesquisadora nas áreas de gestão, planejamento e avaliação institucional. É professora/pesquisadora sênior do Programa de Pós-Graduação em Educação da Universidade Federal do Paraná (UFPR). Foi diretora da área de Educação da Pontifícia Universidade Católica do Paraná (PUCPR) e coordenadora do Programa de Pós-Graduação em Educação. Coordenou por 10 anos a Comissão de Avaliação Institucional da UFPR e foi membro da Comissão Nacional de Avaliação Institucional, de Licenciaturas e da Comissão Especial de Avaliação que propôs o Sistema Nacional de Avaliação da Educação Superior (Sinaes). Foi membro do Comitê Assessor da Área de Educação e Psicologia da Fundação Araucária (Fundação de Financiamento à Pesquisa do Estado do Paraná), tendo sido a sua coordenadora por três anos. Coordenou o Sistema Nacional de Formação do ProJovem da Secretaria Geral da Presidência da República e assessorou o Departamento de Políticas da Educação Superior (Depes) da Secretaria de Educação Superior (SESu) do Ministério da Educação (MEC).

Maria Lúcia Accioly Teixeira Pinto é pedagoga e mestre em Educação na área de Currículo pela Universidade Federal do Paraná (UFPR). Professora aposentada do Departamento de Planejamento e Administração Escolar do Setor de Educação da UFPR, participou na gestão universitária como chefe de departamento, diretora de setor, pró-reitora de graduação, membro dos Conselhos Superiores da UFPR e da Comissão de Avaliação Institucional. É consultora educacional em planejamento e avaliação de sistemas e instituições. Integra equipe multidisciplinar na área de planejamento urbano municipal, responsável pelo setor socioeducacional.

Impressão:
Março/2017